CATALOGUE

DES

OBJETS D'ART

ET

D'ANTIQUITÉS

DES TABLEAUX, DESSINS

ET MÉDAILLES DES XVe ET XVIe SIÈCLE

DE LA

COLLECTION DE M. EUG. PIOT

DONT LA VENTE AURA LIEU

HOTEL DROUOT, SALLE N° 5

Les Lundi 25, Mardi 26, Mercredi 27, Jeudi 28, Vendredi 29 et Samedi 30 Avril 1864

A DEUX HEURES

Par le ministère de Me CHARLES PILLET, commissaire-priseur
11, rue de Choiseul

EXPERTS : MM. ROUSSEL, rue Rochechouart, 48;
ROLLIN et FEUARDENT, rue Vivienne, 12;

Chez lesquels se distribue le présent Catalogue.

EXPOSITION PARTICULIÈRE	EXPOSITION PUBLIQUE
Le Samedi 23 Avril	*Le Dimanche 24 Avril*

De une heure à cinq heures.

ORDRE DES VACATIONS

LUNDI *25 avril, du n° 80 au n° 211.*

Sculpture de terre cuite et terres émaillées de Luca della Robbia. — Faïences des diverses fabriques. — Vases de bronzes orientaux. — Horlogerie. — Objets divers. — Tapis et étoffes de soie. — Meubles.

MARDI *26 avril, du n° 1 à 79 et du n° 212 à 246.*

Marbres et Bronzes de la Renaissance. — Tableaux, Dessins, Pastels et Miniatures.

MERCREDI *27 avril.*

Toutes les antiquités grecques et phéniciennes.

JEUDI *28,* **VENDREDI** *29 et* **SAMEDI** *30.*

Les Médailles des XVe et XVIe siècle.

CONDITIONS DE LA VENTE

Elle sera faite au comptant.

Les acquéreurs payeront, en sus des adjudications, *cinq* pour *cent* applicables aux frais de la vente.

Paris. — Imp. de Ad. Lainé et J. Havard, rue des Saints-Pères, 19.

La Collection que nous mettons en vente jouit, parmi les amateurs, d'une réputation qui nous dispense de faire son éloge. L'art Grec, des bronzes et des vases, l'art Italien de la Renaissance dans toutes ses branches, s'y trouvent représentés par des œuvres importantes, ou par des séries de monuments qui emportent avec elles un très-grand intérêt historique.

Nous citerons en première ligne parmi les antiques : les belles figures de bronze de l'Harpocrate et de la Bonne-Fortune ; — notre n° 17, qui est le plus ancien vase grec connu portant un nom d'artiste ; — un autre grand vase, *candelabre,* de la plus rare élégance ; — les séries intéressantes : des scarabées phéniciens, des *Rhytons* grecs et des vases de verre travaillés au tour du lapidaire qui n'ont pas d'équivalents dans nos collections publiques.

L'art italien est surtout largement représenté ; la suite des sculptures en bronze et en marbre est aussi remarquable que variée. — La série des terres cuites, celle des faïences d'art contiennent des spécimens très-rares et très-beaux ; — et les grandes médailles des XVe et XVIe siècle ne se sont jamais présentées aux enchères publiques en plus grand nombre et mieux choisies.

Mais la réunion de quelques œuvres exquises de Donatello et de Luca della Robbia; — un buste en bronze, portrait vivant de Michel-Ange, modelé par lui-même, et sur lequel rayonne l'âme de ce grand artiste, les esquisses de deux de ses ouvrages les plus importants; — enfin une admirable tête d'étude peinte en détrempe par Raphaël, donnent surtout un cachet exceptionnel à cette Collection.

Les noms de ces maîtres illustres nous sont plus familiers que leurs œuvres : aussi appelons-nous d'une façon toute particulière l'attention des amateurs sur celles que nous leur présentons. Il n'a pas fallu moins de bonheur que de goût pour les réunir. Elles seront toujours d'une extrême rareté et ne sont pas de celles dont un engouement passager s'empare aujourd'hui pour les rejeter demain. Bien au contraire, les œuvres d'art d'un caractère élevé sont destinées à se voir recherchées de plus en plus par les véritables amateurs, et l'épuration du goût public tend chaque jour davantage à les honorer d'un culte qui n'est dû qu'à elles.

DÉSIGNATION DES OBJETS

MARBRES ITALIENS

DE LA RENAISSANCE

DONATELLO 1386-1468

1. Buste de jeune enfant; la poitrine est en partie couverte d'une légère draperie.

Sculpture empreinte d'un sentiment exquis de la nature, à la fois savante et naïve, modelée avec une extrême délicatesse.

Haut. $0^{m}28$ cent.

MINO DE FIESOLE 1400-1486

2. Dietisalvi Neroni, grand buste drapé à l'antique. La tête animée est parlante, les cheveux sont courts, le col d'un modelé superbe.

On lit sur la plinthe contournée qui le supporte :

AETATIS . SVE . AN . AGES . LX . TYRO... AGVDVM . SI . CVRAVIT . DIETISALVIVS . OPVS . MINI . MCCCCLXIIII .

Dietisalvi Neroni a joué un rôle important dans l'histoire de la République florentine. Ami de Cosme de Médicis l'Ancien, il prit parti, après sa mort, pour la liberté, et contribua à faire chasser les Médicis de Florence. Il mourut exilé à Ferrare, durant la puissance de Laurent le Magnifique.

Haut. $0^{m}60$ c.

ANTONIO ROSSELLINO 1427-1490

3. Buste de femme à mi-corps. La tête est nue, infléchie avec grâce; les cheveux enroulés sont ornés de fleurs; un surtout, agrafé sur la poitrine, laisse voir une partie du corsage lacé qui est dessous.

Les armes parlantes du vaillant capitaine bergamasque Bartholomeo Colleoni, ou Coglione, placées dans une grenade sur chaque épaule, font supposer que notre buste est celui de Thisbé Martinengo, sa femme. Ce précieux monument a été acheté à Venise.

Haut. $0^{m}50$ cent.

DU MÊME

4. La Vierge en pied, assise, de proportion un peu moins grande que nature, tenant l'Enfant-Jésus debout sur ses

genoux : la petite main du Sauveur est levée pour bénir. Le groupe est entouré d'une gloire de chérubins.

Très-haut-relief d'une remarquable exécution.

Haut. 9m36 cent.; larg. 0m53 cent.

LUCA DELLA ROBBIA 1400-1481

5. Buste d'enfant, bas-relief.

Ce charmant ouvrage rappelle la frise célèbre des Chanteurs du Musée de Florence.

Haut. 0m24 cent.; larg. 0m18 cent.

BENEDETTO DA MAIANO 1440-1490

6. La Vierge assise et vue jusqu'au-dessous des genoux, tenant l'Enfant-Jésus entre ses bras. Chérubins ailés sur le fond.

Haut-relief, grandeur nature, d'une grande fraîcheur et d'un très-beau travail.

Haut. 0m68 cent.; larg. 0m58 cent.

TULLIO LOMBARDO 1460-1452

7. Enfant nu assis, destiné à servir de fontaine. (École vénitienne.)

Haut. 0m48 cent.

BACCIO BANDINELLI 1487-1559

8. Buste semi-colossal de Giuliano de Médicis, frère de Léon X. Tête d'une grande énergie et d'une exécution brillante.

Haut. 0m85 cent.

ÉCOLE DE DONATELLO

9. La Vierge tenant l'Enfant-Jésus sur ses genoux; au fond, deux têtes de chérubins. Élégante composition, traitée avec beaucoup de soins dans tous ses parties.

Bas-relief en calcaire compacte, à grain fin, rouge brun imitant le rouge antique. Cadre d'ébène plaqué d'écaille rouge.

Haut. 1m5 cent.; larg. 0m88 cent.

10. Buste de jeune homme. La tête est assez semblable aux portraits connus des enfants de Laurent le Magnifique. On lit sur la base :

.XIX.ETATIS.ANNO.

Bas-relief d'une très-grande finesse de modelé.

Haut. 0m44 cent.

11. Médaillon ovale, portrait de femme. (Caricature en marbre du xve siècle.)

Haut. 0m37 cent.

ÉCOLE MILANAISE

12. La Foi, figure assise.

Haut. 0m45 cent.

13. La Justice, assise sur un char traîné par des lions, chassant les coupables devant elle. Bas-relief rond.

Diam. 0m30 cent.

14. La Vierge et saint Joseph adorant Jésus dans une étable. Au fond, des anges chantent la naissance du Sauveur. Très-haut relief, carré, en forme de niche.

Haut. 0m33 cent.; larg. 0m37.

ÉCOLE FRANÇAISE

15. Deux figures de saints debout. (xve siècle, armoiries sur le socle.)

Haut. 0m34 cent.

16. Femme assise, la tête posée sur sa main, dans l'attitude de la douleur. Élégante figurine du xvie siècle.

Haut. 0m24 cent.

Mlle F. DE FAUVEAU

17. Tête de femme diadémée, dans un cadre trilobé. Albâtre dur, traité avec beaucoup de délicatesse.

Ce médaillon, exécuté pour Caroline Murat, a fait partie de la collection du comte de Clarac, à qui l'ex-reine de Naples l'avait donné.

BRONZES ITALIENS

DE LA RENAISSANCE

MICHEL-ANGE BUONARROTI 1475-1564

18. Portrait de Michel-Ange Buonarroti. La tête, sillonnée de rides, est légèrement inclinée vers la gauche; les cheveux, encore abondants, sont légèrement bouclés; le regard est fixe, les pommettes saillantes, le nez déprimé, comme on sait, par le coup de Torrigiano; la barbe, qui est entière, mais courte, fourche à l'extrémité du menton. L'expression générale de la physionomie est d'une profonde mélancolie. Le col de la chemise et une partie de celui de la veste terminent le buste.

On ne connaît que deux exemplaires de ce précieux portrait d'après nature du plus grand artiste des temps modernes : le nôtre et l'épreuve semblable qui est placée dans la salle d'audience du Musée du Capitole à Rome. *E dicesi scolpito da se medesimo* (on le croit modelé de la propre main de Michel-Ange), dit le catalogue de la collection que nous venons de citer. Valery, dans son *Guide d'Italie,* le caractérise d'un seul mot : *Le buste en bronze de Michel-Ange, fait par lui, est une tête de génie.*

Peut-être aussi ne devons-nous y voir que l'œuvre de Daniel de Volterre, mentionnée par Vasari. Daniel de Volterre, sculpteur aussi habile que peintre célèbre, fut l'ami de Michel-Ange pendant les dernières années de sa vie, et le compagnon de ses derniers travaux. Il modela, d'après ses dessins, le cheval du groupe équestre de Henri II, commandé par Catherine de Médicis.

Quelle que soit la main que l'on veuille y reconnaître, notre buste n'en est pas moins, au point de vue du sujet comme à celui de son exécution, une des œuvres les plus saisissantes de la sculpture de la Renaissance. L'âme tout entière de Michel-Ange rayonne sur son visage dans ce bronze, digne de lui de toutes les manières, comme portrait et comme œuvre d'art.

Collection du comte Bianchetti de Bologne.

DU MÊME

19. Pâris, figure nue debout, l'avant-bras gauche est relevé vers l'épaule, la main tient une pomme.

Esquisse de la grande statue de David placé à la porte du Palais Vieux de Florence. On sait que Michel-Ange dut extraire ce colosse d'un bloc de marbre ébauché un siècle auparavant, et par conséquent contenir l'œuvre qu'il projetait dans des lignes rigoureusement tracées d'avance; le vide entre les jambes était déjà fait. Vasari dit positivement que Michel-Ange fit un modèle de cire, c'est ce modèle fondu en bronze que nous avons sous les yeux; il ne diffère que très-peu de l'œuvre terminée. Pour avoir un geste plus ferme et plus arrêté, l'artiste a remplacé par une pomme la courroie que le David devait tenir dans sa main, et ce léger changement en a fait un Pâris. Le mouvement de la tête, seul, a été complétement modifié. Tournée vers la gauche par une élégante inflexion du col, elle est encore plus michelangesque dans notre petit modèle de bronze que dans la statue colossale de marbre blanc.

Haut. 0m40 cent.

DU MÊME

20. Samson armé d'une mâchoire d'âne tuant les Philistins. Groupe de trois figures ; l'une est déjà abattue et le Juge d'Israël pose sur sa tête un pied vainqueur, tandis que d'un coup frappé à revers il va se débarrasser du second adversaire qui l'étreint par les cuisses avec toute l'énergie du désespoir.

Ce précieux bronze a sa place marquée dans l'histoire de l'art. C'est l'esquisse d'un groupe colossal de marbre blanc, projeté et non exécuté par Michel-Ange, qui devait servir de pendant à la statue de David. La République florentine lui avait confié ce travail vers 1529. «*Fece Michelagnolo,* dit Vasari dans la vie du célèbre artiste, *un modello, il quale fu tenuto maraviglioso, e cosa molto vaga; ma nel ritorno de' Medici fu restituito a Baccio.*» « Michel-Ange fit un modèle qui fut regardé comme une chose merveilleuse et très-belle, mais après la rentrée des Médicis le marbre fut restitué à Baccio Bandinelli. » Bronze fondu sur cire, sans retouche aucune.

La souplesse et l'ampleur du modelé est telle dans

les deux bronzes qui précèdent que l'on croit voir la cire elle-même sous le pouce du sculpteur.

Haut. $0^{m}39$ cent.

LORENZO GHIBERTI 1381-1455

21. Panneau carré provenant d'une porte de bronze. Le bas-relief représente l'intérieur d'un édifice d'architecture antique. La composition se divise en deux scènes distinctes : à droite, un ange délivre de ses fers un jeune prisonnier couché au milieu de soldats endormis ; à gauche, et hors du cachot, le libérateur guide vers une porte le saint, qui paraît aveugle. Le sol est jonché d'armes et d'armures sur lesquelles les deux personnages marchent avec assurance.

Nous laissons aux hagiographes le soin de déterminer le sujet de cette composition, qui nous est inconnu.

Haut. $0^{m}37$ cent., larg. $0^{m}43$ cent.

DU MÊME

22. Tête barbue se détachant en ronde-bosse sur un champ en forme de trèfle à quatre feuilles.

Ce bronze d'une grande finesse semble avoir été fait pour orner un des points d'intersection des plates-bandes de la petite porte du baptistère de Florence, exécutée en 1420-1425. Les imperfections de fonte que l'on peut remarquer dans la chevelure n'ont probablement pas permis de l'employer.

DONATELLO 1386-1468

23. Martyre de saint Sébastien. Le saint est attaché à une colonne; à gauche, un ange s'avance portant une palme et lui montrant le ciel d'une main. Deux sagittaires, à droite, décochent contre lui des flèches qui le traversent de toutes parts.

Bas-relief de la plus précieuse exécution.

Haut. $0^{m}22$ cent., larg. $0^{m}16$ cent.

DU MÊME

24. Enfant ailé portant un poisson sur ses épaules. Statuette charmante destinée à servir de fontaine.

Haut. $0^{m}41$ cent.

BERTOLDI (Élève de Donatello)

25. Saint Jérôme dans le désert. Le saint est agenouillé devant un crucifix; un livre est à ses pieds; le fond du paysage est parsemé çà et là d'animaux et de débris antiques.

L'exécution de ce bas-relief, fondu sur le modèle en cire, rappelle celle des célèbres chaires de San Lorenzo de Florence, que Bertoldi fut chargé de terminer après la mort de son maître Donatello.

Haut. $0^{m}52$ cent., larg. $0^{m}35$ cent.

VELLANO de Padoue (élève de Donatello)

26. Petit bas-relief représentant l'évanouissement de la Vierge pendant la mise au tombeau du Sauveur.

Larg. 0m14 cent., haut. 0m11 cent.

ÉCOLE DE DONATELLO

27. La Vierge tenant l'Enfant-Jésus entre ses bras, entourée d'un chœur d'anges. Bas-relief rond.

Diam. 0m21 cent.

JEAN DE BOLOGNE

28. Christ en croix très-finement ciselé ; dans un tabernacle de bois sculpté, à fronton et à cariatides d'un beau travail.

ANDREA RICCIO de Padoue 1460–1532

29. La Mise au tombeau, bas-relief d'un grand caractère et d'une remarquable exécution.

Haut. 0m14 cent., larg. 0m19 cent.

DU MÊME

30. Hercule au repos, appuyé sur sa massue, un lion couché à ses pieds. Haut-relief ciselé avec le plus grand soin.

Haut. 0m29 cent., larg. 1m15 cent.

DU MÊME

31. Coffret servant d'encrier, orné de bas-relief. Très-bel exemplaire d'un modèle connu.

TULLIO LOMBARDO

32. Enfant monté sur un escargot qu'il semble diriger. La figure principale de ce beau groupe, conçue dans l'esprit de quelques caricatures antiques, est attachante malgré sa difformité; la tête est remplie d'intelligence et de finesse.

Haut. 0m38 cent.

ÉCOLE VÉNITIENNE

33. La Vierge assise sur un trône et tenant l'Enfant-Jésus sur ses genoux, entre saint Sébastien et saint Jean. Au fond, des moines.

Haut-relief de la fin du xve siècle, ciselé et repoussé en

cuivre, comme un ouvrage d'orfèvrerie. Spécimen fort rare et d'une très-belle exécution.

Haut. 0m24 cent., larg. 0m22 cent.

34. Saint Jérôme, assis dans un fauteuil. Il se penche en avant pour arracher une épine de la griffe d'un lion dressé devant lui.

Beau groupe du xve siècle.

Haut. 0m27 cent.

35. Élie transporté au ciel sur un char de feu, attelé de deux chevaux.

Bas-relief rond du xve siècle.

Diam. 0m24 cent.

36. Faune nu, assis, buvant. Très-belle figurine du xve siècle.

Haut. 0m21 cent.

37. Faunesse nue, assise, tenant un foudre de la main droite; la tête est diadémée. Figurine du xve siècle.

38. Tête de jeune Bacchant, riant et couronné de pampres; les yeux à demi fermés indiquent l'ivresse. Petit bronze merveilleusement ciselé. xve siècle.

39. Camille, d'après l'antique. Imitation libre du xve siècle, fondue sur cire et d'une très-grande légèreté.

40. Grand panneau d'ornements de bronze repoussé et ciselé.

Au milieu, est figuré un vase sur lequel repose l'Amour endormi ; de chaque côté, en bas, des Tritonides montées sur des chevaux marins, et en haut la louve allaitant Rémus et Romulus.

Bas-relief carré. Beau spécimen d'un travail fort rare du xve siècle.

Larg. $0^{m}35$ cent., haut. $0^{m}35$ cent.

VASES

41. TRÈS-BELLE URNE d'une forme particulière au xve siècle.

Le corps du vase est décoré par une large frise de rinceaux de feuillages en relief; le fond est godronné à l'extérieur; une frise délicate borde l'ouverture, et le col est orné de guirlandes en festons où pendent des bucranes.

Cette pièce, d'une exécution très-soignée, est aussi un monument de la Renaissance des plus rares à trouver.

Haut. $0^{m}33$ cent.

42. GRANDE ET BELLE COUPE sur pied élevé, à bords légèrement évasés par le haut. Le fond est godronné à l'extérieur, le reste est couvert par une large frise absolument semblable à celle du vase précédent. Sur le pied, deux écussons soutenus par de petits génies sont aux armes des Venier, illustre famille patricienne de Venise.

Haut. $0^{m}29$ cent., diam. $0^{m}30$ cent.

43. GRANDE ET BELLE COUPE d'un galbe élégant. Le fond du

vase, plat et décoré de feuilles d'acanthe, repose sur un pied conique évasé par le bas, couvert d'ornements et de petits bas-reliefs, Apollon et Marsyas, les travaux d'Hercule, etc.; le bord droit, profilé avec goût, est richement orné par quatre frises de feuillages.

Haut. 0m27 cent., diam. 0m29 cent.

---

44. Grande crosse abbatiale de bronze doré. La volute est formée par un serpent, et le nœud, qui a la forme d'un petit temple circulaire, repose sur un chapiteau d'ordre composite, flanqué de quatre lions ailés, aux armes de la famille Contarini de Venise.

La hampe est ornée de deux larges viroles.

Ce bel objet, admirablement ciselé, est de la fin du xve siècle.

ÉCOLE FRANÇAISE

45. Henri II, roi de France. Buste en bas-relief un peu moins grand que nature; la tête est laurée; la poitrine est couverte d'une cuirasse richement ornée, sur laquelle est passé le cordon de l'ordre de Saint-Michel.

46. *Bas-relief.* Homme nu, debout, foulant aux pieds un serpent qui se mord la queue, emblème de l'éternité; il tient un scorpion de la main gauche, et, de la droite, une broche qui lui traverse les cuisses. Des plumes sont attachées à ses épaules.

Le sujet de ce bas-relief symbolique, fondu et ciselé

avec beaucoup de délicatesse, semble emprunté d'une composition de Poussin.

PETITS BRONZES ET PLAQUETTES D'ORFÉVRES

47. Petit groupe représentant Hercule terrassant un lion, bronze fondu à cire perdue, d'un modelé énergique, sur piédestal en marbre rouge antique. XVIe siècle.

48. Statuette. Une villageoise debout, portant un vase sur la tête. Bronze italien du XVIe siècle.

49. Statuette en bronze doré du XVe siècle. Sainte Marie-Madeleine. Cette figure provient probablement d'un monument gothique.

50. Statuette d'un jeune homme debout, tenant un étendard, et armé dans le style antique. Bronze doré.

51. Deux anses de vase, formées par des cariatides se terminant par des enroulements. Bronzes italiens du XVIe siècle.

52. Buste d'homme barbu, placé dans une couronne de laurier sur un fond à cannelures disposées en rayons.

53. Autre buste. Femme coiffée à l'orientale, même disposition que le précédent.

Ces deux bronzes italiens ont probablement servi de boutons de portes. XVIe siècle.

54. Petit bas-relief rond, représentant Hercule debout, étouffant un lion. Sa massue, son arc et son carquois sont suspendus à un arbre derrière lui. XVIe siècle.

55. Autre bas-relief de même forme, Orphée aux enfers.

56. Autre bas-relief semblable, Arion sur un dauphin.

57. Bas-relief rond, Hercule accroupi, étouffant un lion. Cadre en bois d'ébène.

58. Joli petit bas-relief carré, l'Adoration des Mages, très-belle composition de nombreuses figures, d'une grande finesse de détail et d'une bonne exécution. XVe siècle. Cadre en ébène.

59. Autre bas-relief de même forme, l'Ensevelissement du Christ, remarquable par la beauté du modelé et la finesse des détails. Cadre en ébène.

60. Bas-relief cintré par le haut, la Vierge assise, tenant l'Enfant-Jésus sur ses genoux. Bronze florentin dans le style des ouvrages de Donatello.

61. Deux médaillons ovales, Bacchante et Bacchant, fragments de la célèbre patère de Donatello.

62. Petite plaque carrée avec figure de haut-relief représentant l'Abondance. XVIe siècle.

63. Bas-relief rond. Un cavalier poursuivant un sanglier.

64. Bas-relief. Buste d'homme casqué, sous un portique à colonnes. XVIe siècle.

65. Bas-relief carré. La Vierge debout dans une niche entourée de nombreuses figures d'anges, provenant d'un Baiser-de-Paix.

66. Baiser-de-Paix, de forme monumentale, le bas-relief représentant la Vierge sur un trône, tenant l'Enfant-Jésus et entourée de saints personnages.

67. Petit bas-relief, forme d'un écusson. Apollon vainqueur du serpent Python.

68. Petit bas-relief carré, Saint Sébastien percé de flèches.

69. Autre petit bas-relief de même forme, Hercule vainqueur de Géryon. Dans le haut, on lit : O. MODERNI.

70. Petit bas-relief carré, Saint Jérôme en contemplation.

71. Bas-relief, Mars et Vénus couronnant l'Amour.

72. Petit bas-relief rond, Vulcain forgeant les armes d'Achille.

73. Médaillon rond, Un homme nu dévoré par des lions ; dans le haut une Bonne-Foi. Sorte de pièce de mariage du XVe siècle. En légende : ANCI MORTE CHE ROMPE FEDE.

74. Autre médaillon, sujet allégorique (la Nature).

75. Deux bas-reliefs en forme d'écusson : l'un d'eux représente Vulcain forgeant les armes d'Achille.

76. Deux petits bas-reliefs provenant d'un pommeau de glaive : l'un d'eux représente Mutius Scévola, et porte la signature IO. F. F. (Iohannes Florentinus fecit).

77. Le Jugement de Pâris, joli petit bas-relief rond. Bronze florentin très-fin, signé : IO. F. F.

78. Deux petits bas-reliefs ronds : le Jugement de Pâris et une Bacchanale. Ils sont tous deux signés : IO. F. F.

79. Médaillon. L'Hydre à sept têtes, avec entourage de fleurs.

SCULPTURE DE TERRE CUITE

DONATELLO

80. La Vierge adorant l'Enfant-Jésus.

Bas-relief rond, placé dans un magnifique tabernacle à pilastres surmontés d'un entablement d'ordre corinthien, de bois sculpté, doré et peint. Le dessin du cadre, contemporain de l'exécution de la sculpture, doit être également attribué à Donatello.

Haut. de l'ensemble, 1m56 cent.; larg. 1m58 cent.

JEAN DE BOLOGNE

(D'APRÈS MICHEL-ANGE BUONARROTI)

81. Deux figures couchées. L'une représente la Nuit ou le Sommeil; l'autre, un homme dans l'attitude de la méditation.

Réductions en terre cuite d'après les célèbres statues qui ornent les tombeaux des Médicis placés dans la sacristie neuve de l'église San-Lorenzo à Florence.

Haut. 0m47 cent.; larg. 0m60 cent.

ÉCOLE FLORENTINE DU XVe SIÈCLE

82. Buste de jeune femme. Esquisse d'un charmant caractère, montée sur un tuyau de poterie.

Haut. 0^{m}38 cent.

83. Saint Jean-Baptiste, buste à mi-corps ; le bras droit et la main sont ramenés sur la poitrine. Traces de coloriage.

Haut. 0^{m}48 cent.

84. Jérôme Savonarole. Buste en bas-relief ; terre cuite coloriée qui doit être attribuée à Andrea della Robbia.

Haut. 0^{m}40 cent.

TERRES ÉMAILLÉES DE LUCA DELLA ROBBIA

85. Le Christ couronné d'épines. Buste de proportion plus grande que nature. Les draperies et la couronne, seules, sont émaillées. Sculpture d'un grand style, tête pathétique et souffrante, qui peut être placée au rang des plus belles productions du vieux Luca della Robbia.

Elle vient de la Galerie du marquis Gerini, de Florence.

Haut. 0^{m}30 cent.

86. La Vierge assise ; l'Enfant-Jésus, sur ses genoux, se penche pour cueillir un lis. Bas-relief rond entouré d'une couronne de feuillage, de fleurs et de fruits émaillés. Le

sujet principal se détache sur un fond bleu clair; les nus, non émaillés, sont d'une grande délicatesse de modelé.

Diam. $0^{m}63$ cent.

87. La Vierge adorant l'Enfant-Jésus; un Saint-Esprit descend auprès d'elle; en haut, Dieu le Père, dans une gloire de chérubins, la bénit.

Épreuve superbe de fraîcheur.

Haut. $0^{m}70$ cent.; larg. $0^{m}47$ cent.

88. Tête de jeune femme. Très-haut relief; émail blanc sur fond bleu. Fragment d'une très-grande composition.

89. *Petit bas-relief* carré. La Vierge tenant l'Enfant-Jésus dans ses bras; deux têtes de chérubins dans le haut. Relief très-peu proéminent, modelé avec beaucoup de délicatesse. Les nus sont sans émail, le reste est blanc et bleu.

Haut. $0^{m}30$ cent.; larg. $0^{m}25$ cent.

90. *Petit bas-relief.* Composition semblable à celle du précédent. Émail polychrome.

91. CHÉRUBIN NIMBÉ, portant une banderole sur laquelle est écrit : AVE.MARIA.GRATIA. Émail blanc.

92. *Petit buste.* Une négresse; la tête est ceinte d'une bandelette. Émail polychrome.

93. Franciscain couché à terre. Fragment d'un grand bas-relief; émail bleu et blanc.

94. Grand pilastre surmonté d'un chapiteau d'ordre corinthien orné de dauphins. Sur le fût, se développe un candélabre très-riche entouré d'oves; émail blanc sur fond bleu.

Haut. 2m35 cent.

95. Écusson armorié. Un loup grimpant, émaillé en blanc sur fond noir. Armes des Altoviti, banquiers florentins célèbres établis à Rome.

96. Deux vases émaillés en bleu, couverts de bouquets de fleurs et de fruits; émail polychrome.

97. Autre vase godronné, avec imbrications sur la panse; émail bleu.

98. Saint Antoine assis entre deux pénitents agenouillés et vêtus de blanc. La composition est entourée d'un tors de feuillage.

Peinture en émail, disque rond; dans un cadre de bois sculpté, rehaussé d'or. Spécimen fort rare.

Diam. 0m36 cent.

TERRES ÉMAILLÉES DE FABRIQUES DIVERSES

99. Portrait de femme. Buste à mi-corps, grandeur nature, coiffure et costume du xve siècle. Émail polychrome.

Cette grande et belle pièce, que nous croyons unique dans son genre, peut être attribuée à l'ancienne fabrique de Castel Durante.

Haut. 0m54 cent.

100. Saint évêque lisant. Figurine assise; émail polychrome. Fabrique de Faenza.

Haut. 0m32 cent.

101. Petit bas-relief. La Vierge tenant Jésus entre ses bras. Émail polychrome. Fabrique de Faenza.

102. Saint Jérôme agenouillé et tenant un crucifix. Un lion est couché auprès de lui.

Joli bas-relief à reflets nacrés. Fabrique de Deruta.

FAIENCES DIVERSES

FABRIQUE SICULO-ARABE

103. Vase de forme oyoïde à fond gris, décoré de chevaux ailés et d'oiseaux en grisaille, rehaussé de bleu. Le col du vase offre un monogramme plusieurs fois répété, inscrit dans un cartouche fond blanc.

Haut. 38 cent.

104. Autre vase de même forme, à fond gris, décoré d'arabesques alternées de groupes de lettres arabes, réservées en blanc sur fond bleu ; le col du vase offre une frise d'oiseaux aquatiques émaillés en bleu.

Haut. 38 cent.

105. Coupe de forme orientale, à fond gris, ornée d'arabesques et de fleurs en grisaille et en bleu.

FABRIQUE HISPANO-ARABE

106. Deux très-beaux vases de forme ovoïde allongée, très-élégante, décorés d'arabesques à reflets rouges métalliques très-vifs sur fond blanc; le col du vase est muni de quatre anses recourbées se rattachant à la panse, qui est divisée par une frise d'ornements, placée entre deux cercles dentelés.

Haut. 50 cent.

107. Vase à deux anses et à long col évasé du haut; décor d'oiseaux, fleurs et arabesques à reflets rouges métalliques très-vifs sur fond blanc.

Haut. 31 cent.

108. Hanap à côtes, offrant au-dessous du gouleau, un taureau; décor à reflets rouges métalliques rehaussé de bleu.

Haut. 25 cent.

109. Autre hanap de même forme; décor à reflets métalliques très-vifs sur fond blanc.

Haut. 25 cent.

110. Vase-biberon, à quatre goulots, avec anse surélevée; décor de fleurs à reflets métalliques rouges rehaussés de bleu.

111. Grande et belle jatte, offrant extérieurement un décor moresque d'un beau caractère; à l'intérieur, un grand navire pavoisé et aux voiles éployées, portant les armes des rois de Portugal de la maison de Bragance.

Diam. 52 cent.

112. Autre jatte moins grande; décor disposé en rayons, à reflets métalliques jaunes sur fond blanc.

113. Autre plus petite; décor à reflets métalliques jaunes, rehaussé de bleu offrant au centre un lapin.

114. Grand plat, décoré extérieurement et intérieurement, à reflets métalliques sur fond blanc; au centre, un écusson aux armes de Castille et d'Aragon.

Diam. 44 cent.

115. Grand plat à ombilic saillant; décor à reflets métalliques rouges, sur fond blanc; sur le bord est répété le premier verset de l'Évangile de saint Jean, IN PRINCIPIO ERAT VERBUM, ET VERBUM, etc.; autour de l'ombilic, en capitales plus grandes, on lit : ANDO ABU DUNDO.

Diam. 48 cent.

116. Grand bassin à bord droit; décor à reflets métalliques jaunes, offrant au centre un taureau; le bord est orné de godrons en relief.

Diam. 48 cent.

117. Autre bassin moins grand à ombilic saillant; décor à reflets métalliques rouges sur fond blanc.

Diam. 40 cent.

118. Grand plat divisé en seize compartiments séparés par des nervures saillantes, décoré d'arabesques à reflets métalliques jaunes; l'ombilic offre un lion grimpant dans un écusson d'armoirie.

Diam. 46 cent.

119. Grand plat à ombilic saillant orné de godrons; le décor à reflets métalliques rouges très-vifs, offre sur bord des feuillages en relief.

Diam. 50 cent.

120. Vase de forme cylindrique; décor bleu et à reflets métalliques.

Haut. 40 cent.

121. Autre vase de même forme; décor bleu, imitant des inscriptions arabes.

Haut. 39 cent.

122. Grand plat à décor bleu et à reflets métalliques jaune d'or, très-riches; au revers, un animal fantastique.

Diam. 44 cent.

123. Autre grand plat à bord droit, décor très-riche émaillé en bleu avec ornements à reflets métalliques jaunes d'or ; au revers, un griffon.

Diam. 46 cent.

124. Grand plateau de forme singulière, à double bord concentrique en forme de couronne fleuronnée, au centre, dans un écusson un aigle ; très-beau et riche décor bleu sur fond blanc, à reflets métalliques jaune d'or.

Diam. 45 cent.

FABRIQUE PERSANE

125. Grand bassin à bord festonné, fond blanc ; décor oriental émaillé en bleu céleste, avec quelques rehauts en bleu turquoise. Spécimen superbe d'une sorte de poterie justement recherchée pour la beauté de son émail et l'éclat de ses couleurs.

Diam. 44 cent.

126. Aiguière fond blanc, à riche décor oriental semblable à celui du bassin précédent.

127. Petit plat à large bord et fond hémisphérique ; décor de fleurs émaillées en bleu.

128. Autre plat de même forme ; fond bleu avec fleurs réservées en blanc.

FABRIQUE TURQUE

129. Petite coupe émaillée en vert uni, décor d'or posé à froid.

FABRIQUE DE FAENZA

130. Grande plaque de forme ogivale par le haut. La peinture, d'un beau caractère, représente la Vierge assise tenant l'Enfant-Jésus sur ses genoux; au bas de la plaque à gauche le millésime : 1489.

Haut. 4 cent., larg. 36 cent.

131. Coupe basse sur piédouche; la peinture représente Didon assise sous un portique, pressant Ascagne entre ses bras, elle est entourée d'Énée et de ses serviteurs. Au bas, l'inscription *Cui Venus Ascanii imagine mittit amorem.* Peinture d'après une composition de Raphaël, gravée par Marc-Antoine, dans l'estampe connue sous le nom de *Quos ego.*

Pièce intéressante, d'un émail un peu pâle, mais d'une finesse de touche tout à fait rare; au revers, l'artiste paraît avoir essayé son pinceau en esquissant légèrement, au revers, un cheval, un chien, etc.

132. Très-joli petit plat, dit *cuppa amatoria*, à fond bleu céleste, décoré d'arabesques émaillées en blanc; au mi-

lieu, deux enfants ailés, d'une touche très-délicate, soutiennent un écusson d'armoirie, mi-parti Médicis et Baglioni.

133. Autre semblable.

134. Grande coupe à piédouche, décorée intérieurement et extérieurement d'imbrications à queue de paon en bleu sur fond blanc; au fond un écusson d'armoirie.

135. Grand plat dont le bord est orné d'imbrications à écailles de poisson; le milieu est occupé par un écusson aux armes du pape Pie II, *Æneas Sylvius Piccolomini.*

136. Grand vase à eau de forme antique; sur la panse une armoirie sur fond blanc dans un tors de lauriers; sous l'anse le monogramme N. C.

137. Autre vase semblable avec le monogramme T. S.

FABRIQUE DE DERUTA

138. Vase à deux anses; émail jaunâtre à reflets nacrés, décor bleu rehaussé de blanc, écusson aux armes de la famille Strozzi.

139. Autre vase de même forme et décor, avec médaillon renfermant le monogramme du Christ.

140. Petit vase à deux anses de forme globulaire sur pied élevé, décor à reflets nacrés.

141. Autre petit vase semblable.

142. Petit bassin, décor à reflets nacrés, au fond un grand buste de femme.

143. Plateau représentant *les Femmes au zodiaque*, d'après la composition de Raphaël connue par la gravure de Marc-Antoine.

Le dessin de cette composition, traité dans la manière des vases grecs, est d'une beauté exceptionnelle. Reflets nacrés.

144. Plat à ombilic saillant, décor jaunâtre à reflets nacrés.

145. Plat à ombilic saillant, décor de fleurs et d'arabesques sur fond orangé, au milieu un buste de jeune homme en costume du xve siècle. Émail colorié.

146. Autre plat du même genre, au milieu un buste de femme en costume du xve siècle. Émail colorié.

FABRIQUE DE GUBBIO

147. Petite coupe hémisphérique, à reflets rouge-rubis et jaune d'or.

Décoré d'imbrications à l'extérieur et à l'intérieur d'un cœur percé de flèches.

148. Autre coupe de même forme et d'un décor analogue, à reflets rouge-rubis et jaune d'or très-vif.

149. Petite coupe ayant la forme d'une coquille du genre Pecten, à reflets métalliques, sous le pied les lettres M°. A. initiales du nom de Maestro Andreoli.

Marque qui n'a pas encore été signalée.

150. Vase fond bleu, sur pied élevé, couvert d'imbrications, jaune d'or et rouge-rubis.

FABRIQUE D'URBINO

151. Belle coupe d'accouchée à couvercle. La coupe, à l'extérieur, est décorée de paysages; à l'intérieur, une femme assise à terre emmaillotte un enfant, tandis qu'une autre fait le lit; un jeune garçon près du feu fait sécher un linge. Sur le couvercle, une femme couchée prend son repas et reçoit une visite pendant que d'autres la servent.

Cette pièce, très-belle de galbe, est remarquable par la finesse de la peinture et par un grand nombre de détails d'ameublement qui ne se rencontrent pas dans les autres sujets du même genre.

152. Autre coupe d'accouchée, sans couvercle, décorée de paysages à l'extérieur, et à l'intérieur d'un sujet de femmes soignant un enfant. Sous le pied du vase une marque de fabrique intéressante : les initiales C. R. P. L. renfermées dans une figure géométrique.

153. Coupe basse sur piédouche, la peinture représente Lucrèce se donnant la mort, d'après la belle composition de Raphaël, gravée par Marc-Antoine. On lit sur le piédestal de la colonne l'inscription grecque :

ΑΜΕΙΝΟΝ ΑΠΟΘΝΗΚΕΙΝ Η ΑΙΣΧΡΩΣ ΖΗΝ.

Mieux vaut mourir que vivre déshonoré.

Peinture d'une exécution très-remarquable.

154. Coupe basse sur piédouche; la peinture représente la Cène d'après une composition de Raphaël, gravée par Marc-Antoine, connue sous le nom de *la Cène aux pieds*. Au bas, un monogramme composé de lettres entrelacées, où l'on croit reconnaître le nom d'ORATIO FONTANA.

155. Plaque carrée représentant la Vierge sur un trône avec l'Enfant-Jésus et saint Jean, entre saint Pierre et saint Paul. Cadre à moulure en bois de noyer.

156. Autre plaque cintrée par le haut, Mercure, d'après la peinture de Raphaël, du plafond de la Farnesine, gravée par Marc-Antoine. Cadre à moulure en bois de noyer.

157. Petit plat représentant un sujet tiré de l'histoire de Psyché; au revers sont inscrits huit vers et le monogramme I. S. dans un cartouche.

FABRIQUE DE CAFFAGIOLO

158. Vase à couvercle dont la panse est ornée de godrons saillants; décor à reflets métalliques, rougeâtre, rehaussé de bleu. Sous le piédouche, un monogramme composé d'un P. et d'une S.; la queue du P. est barrée.

159. Petit plat à décor de fleurs à reflets métalliques d'or; le fond présente les armes des Médicis relevées en bosse. Marqué au revers d'un monogramme semblable à celui du vase précédent.

160. Petit plat décoré, alternativement, d'arabesques bleues sur fond d'or et d'arabesques d'or sur fond blanc. Au centre un écusson aux armes de la famille Médicis. Au revers, le même monogramme que sur les pièces précédentes.

Ces spécimens de poteries à reflets métalliques, exécutés à Caffagiolo, fabrique fondée par les Médicis au commencement du XVIe siècle, sont les seuls que nous connaissions.

FABRIQUE DE VENISE

161. Grand plat décoré d'arabesques fantastiques en relief réservées en blanc sur fond bleu; au centre l'aigle à deux têtes surmonté d'une couronne.

Pièce rare et intéressante.

162. Petit plat (*cuppa amatoria*) à fond vert, décoré de fleurs et ornements de couleurs variées.

FABRIQUE DE FERRARE

163. Plateau à piédouche élevé, décoré d'arabesques et de figure; au milieu Vénus et l'Amour, dans un cartouche surmonté d'un mascaron supportant une flamme avec la légende : Ardet æternum, devise du duc de Ferrare Alphonse II. Même décoration au verso.

On a sur cette fabrique ferraraise un intéressant opuscule de M. Giuseppe Boschini.

FABRIQUES DIVERSES

164. Grand vase à couvercle et muni de deux anses en forme d'S. La panse ornée de godrons et de rosaces, bel émail marbré de plusieurs couleurs.

Ce vase, qui, par sa forme, se rattache au xve siècle, nous paraît de fabrique lombarde.

165. Petit plat représentant le jugement de Salomon peint sur fond gris-bleu ; sur l'escabeau du trône on lit la signature S. S.

166. Autre petit plat. Saint George combattant le dragon peint sur un fond de paysage.

Ces deux plats décorés aux revers appartiennent aux fabriques de Forli.

167. Coupe basse à bossages moulés sur des coquilles décorée d'arabesques sur fond de couleurs variées ; au centre un guerrier debout; sur le fond au revers : 1546, tracé en jaune. Pièce de la fabrique de Trévise très-intéressante par sa date.

168. Plat émaillé en brun à décor très-riche en relief, portant au centre un écusson armorié.

Cette pièce est semblable à un plat de la collection Soltykoff, décrite sous le n° 759, qui avait appartenu au château de Fontainebleau.

169. Deux plats décorés au centre d'un lion archaïque. Très-ancienne fabrique florentine du XVe siècle.

170. Aiguière avec couvercle, en porcelaine de Chine, fond blanc, décor camaïeu bleu.

VASES ORIENTAUX

DE BRONZE, CISELÉS, GRAVÉS ET REPOUSSÉS

171. Très-grand bassin de forme évasée, couvert de larges inscriptions arabes, à l'intérieur et à l'extérieur, avec médaillons à sujets de chasse.

Diam. 45 cent.

172. Grand plateau rond, orné d'inscriptions arabes en caractères cufiques, anciens, damasquinés d'argent.

Diam. 43 cent.

173. Boîte cylindrique avec couvercle, ornée de larges inscriptions arabes très-finement ciselées.

174. Petite coupe décorée d'ornements et d'inscriptions gravés.

175. Deux petites coupes persanes dorées, ornées de rosaces en relief avec émaux.

176. Un beau vase à couvercle et son plateau, admirablement ciselés et damasquinés en argent.

L'habile artiste arabe, déjà connu par d'autres travaux, qui a exécuté cette pièce, l'a signée de son nom :

نقش المعلم محمود الكردى

Gravé par maître Mahmud le Kurde,

placé dans un cartouche au centre du plateau. Nous croyons ce vase et les deux suivants, sans inscriptions, exécutés à Venise, où travaillaient des artistes mahométans.

177. Très-grand plat complétement ciselé, dans le genre mauresque ; pièce remarquable par sa grandeur et sa parfaite conservation.

Diam. 58 cent.

178. Grand seau vénitien, complétement couvert d'ornements dans le goût mauresque, ciselés avec soin, conservation parfaite.

179. Grand plat et son aiguier entièrement couverts de rinceaux à feuillages, de mascarons et ornements divers gravés et ciselés du plus beau style, XVIe siècle.

180. Belle aiguière de forme élégante, en cuivre rouge repoussé, chargée d'ornements à feuillages en relief, XVIe siècle.

181. Aiguière de cuivre uni, ornée d'un mascaron placé sous le bec.

HORLOGERIE

182. HORLOGE ASTRONOMIQUE de bureau, de forme hexagone, en cuivre doré. Elle est supportée par des dauphins, et chaque face est percée d'une ouverture pour laisser voir le mécanisme intérieur dont tous les détails sont gravés avec soin. Cette belle pièce d'horlogerie est signée JEREMIAS PFAFF. AUGSPURG. Étui en maroquin rouge.

183. Pendule à crémaillère, sur fond en marqueterie de bois de rose orné d'appliques en cuivre doré et d'un médaillon en biscuit de Wedgwood; époque Louis XVI.

184. Boîte de montre du XVIe siècle en cuivre giselé et découpé à jour.

185. Autre boîte de montre du même genre, le pourtour présente un sujet de chasse très-finement exécuté.

186. Boîte ovale en cuivre repoussé, d'une ornementation très-riche, le couvercle offre sur un fond de paysage, un lion et un coq avec cette devise : QUID SPEREM.

187. Pendule du temps de Louis XIII, en forme de tourelle rectangulaire à pinacles et à clochetons ; cuivre doré et gravé, le cadran en argent émaillé.

188. Autre pendule en cuivre doré, surmontée d'un dôme. Elle porte la date de 1598; des armoiries sont gravées sur le pied.

189. Instrument astronomique en cuivre doré, représentant d'un côté, en bas-relief, un Amour endormi et de l'autre des divisions solaires.

OBJETS DIVERS

190. *Cristal de roche.* — Médaillon ovale intaillé, représentant la Vierge sur un trône, l'Enfant-Jésus et saint Jean ; au bas du sujet on lit : ITER PARA TUTUM; beau travail de *Valerio Belli.*

191. *Cristal de roche.* — Médaillon ovale intaillé, représentant une victoire dont le char, traîné par des buffles, écrase des vaincus dans le champ; ΑΛΗΘΗΑ.ΝΙΚΑ, travail milanais du xve siècle.

192. *Lapis-lazuli*, petit piédestal carré évidé, belle qualité.

193. *Argent doré.* Collier indien en filigrane, d'une ornementation riche et d'un travail très-soigné.

194. *Cuivre doré et émaillé.* Petit médaillon renfermant un buste casqué de Henri IV, découpé à jour. Sur un cercle émaillé en blanc on lit : HERCULES. SUIS. LE. ARDI, XVIe siècle.

195. *Ivoire.* — Petit sablier, époque Louis XIII.

196. *Fer ciselé.* — Clef dont l'anneau est ciselé et découpé à jour.

197. *Fer damasquiné d'or.* — Poignard persan à lame courbe ou damas ronceux damasquiné d'or, poignée en ivoire; fourreau couvert en brocart, garni en or.

198. Bois laqué du Cachemire. Deux vases à couvercle, fond bleu, décorés de bouquets de fleurs en or avec rehauts de couleurs.

199. Émail vénitien. Joli plateau à ombilic saillant, godronné dans toutes ses parties; émail bleu et blanc rehaussé d'or.

TAPIS ET ÉTOFFES DE SOIE

200. Magnifique tapis persan, en velours de soie, remarquable par la richesse du dessin, la vivacité des couleurs et sa belle conservation, pièce vraiment exceptionnelle, et de la plus grande rareté.

Long. 2m05 cent., larg. 1m72 cent.

201. Petit tapis de style oriental, fond jaune décoré de fleurs velours de soie frisé à parterre, d'une grande fraîcheur.

202. Belle pièce de tenture, en velours de soie cramoisi, couvert d'arabesques du meilleur style, en drap d'or et d'argent soutaché de fils d'or, d'une grande fraîcheur; travail vénitien, fort rare, de la première moitié du XVIe siècle.

Long. 2m, larg. 2m.

203. Grand couvre-pied en damas de soie cramoisi, de Gênes.

204. Autre grand couvre-pied, en même étoffe, avec galons de soie jaunes.

205. Très-grand tapis en point de Hongrie brodé en soie.

Long. 3m10 cent., larg. 2m75 cent.

206. Grand tapis de table en moire de soie à bandes rouges et vertes alternées.

207. Tapis persan en toile de soie écrue brodée en soie.

MEUBLES

208. Coffre italien en bois d'ébène, orné de moulures d'un beau profil, et à panneaux en retraite; tiroirs et secrets à l'intérieur, XVIe siècle.

209. Grande table ovale, pied à un seul balustre supporté par quatre consoles; en marqueterie de cuivre sur écaille rouge, richement orné de bronzes.

210. Armoire vitrée à une seule porte, ornée de cuivres, plaquée d'ébène à l'extérieur et d'acajou à l'intérieur.

211. Coffre à dentelles vénitien, à plusieurs compartiments capitonnés de soie; il est couvert de maroquin rouge et garni de cuivre.

BOIS SCULPTÉS

212. Bas-relief, sujet tiré de l'histoire sainte, bois doré et peint, ouvrage italien du XVe siècle.

213. Piédestal pour statue équestre, en bois d'ébène, d'un très-beau modèle italien du XVIe siècle.

214. Miroir florentin, avec cadre monumental à fronton orné d'un mascaron, et supporté par des cariatides, d'une sculpture fine et rehaussé d'or; il est enrichi d'incrustations de marbres rares.

215. Petit cadre à fronton richement sculpté avec rehauts d'or.

215 *b*. Autre cadre florentin du même genre.

216. Deux cadres à miroir avec corniche et ornés de sculptures, travail italien du XVIe siècle.

217. Grande console d'applique dorée, XVIe siècle.

217 *b*. Sous ce numéro, les objets omis.

TABLEAUX, PASTELS

DESSINS ET MINIATURES

RAPHAEL SANZIO

218. TÊTE DE SAINTE ÉLISABETH. — Étude peinte en détrempe sur toile pour le tableau de *la Visitation*, actuellement au Musée de Madrid. La tête, grandeur nature, est terminée avec le plus grand soin; le col est d'un fini peut-être moins détaillé, mais non moins expressif; des traits de crayon noirs et blancs restent visibles sur le bas de la toile légèrement frottée.

Le procédé de la détrempe a conservé au coloris de cette admirable étude un éclat supérieur à celui des plus belles peintures à l'huile; mais ce qui est surtout frappant ici, c'est que la justesse et la fermeté des contours, au lieu de nuire à l'ampleur et au liant du modelé, le font paraître plus souple encore, et plus ressenti.

Cette tête de sainte Élisabeth, ainsi coiffée d'un turban, paraît avoir été le type favori adopté par Raphaël pour représenter les vieilles femmes juives. Nous le retrouvons semblable dans la grande Sainte Famille du musée du Louvre, et plus exactement dans la petite Sainte Famille de la même collection nº 378; dans la composition gravée par Marc-Antoine, *Dieu ordonnant à Noé de construire l'arche*, et dans d'autres œuvres encore.

Nous n'insisterons pas sur l'importance de la peinture que nous venons de décrire; universellement admirée par les amateurs, c'est la seule étude peinte, non terminée, de Raphael, qui soit arrivée jusqu'à nous. Elle provient de la famille Oddi de Pérouse, qui avait rassemblé dans la ville de Saint-Erminio une belle collection d'objets d'art, aujourd'hui dispersée, et très-amplement décrite dans le Guide de cette ville.

Haut. 0^{m}34 cent., larg. 0^{m}24 cent.

ÉCOLE SIENNOISE

219. La Vierge et l'Enfant-Jésus entre deux anges, peinture sur fond d'or de la première moitié du xve siècle.

Haut. 0^{m}62 cent., larg. 0^{m}42 cent.

BOCCACINO (DE CRÉMONE)

220. La Vierge et l'Enfant-Jésus; au fond un paysage.

Haut. 0^{m}70 cent., larg. 0^{m}50 cent.

ÉCOLE DE FERRARE

221. La Vierge agenouillée, et saint Joseph adorant l'Enfant-Jésus, sous un portique d'élégante architecture.

Haut. 0^{m}28 cent., larg. 0^{m}32 cent.

HANS HOLBEIN (LE JEUNE)

222. Portrait de Thomas Morus, lord Grand chancelier d'Angleterre.

Haut. 0m16 cent., larg. 0m13 1/2 cent.

P.-P. RUBENS

223. La Précipitation des femmes en enfer, répétition de la partie inférieure du tableau de la galerie de Munich.

Haut. 0m95 cent., larg. 1m25 cent.

ANT. VAN DYCK

224. Portrait de jeune femme vêtue de noir, figure aux trois quarts; la poitrine est couverte de guipures et de dentelles d'une grande richesse.

Haut. 1m27 cent., larg. 0m85 cent.

JOSEPH RIBERA

225. Le Mangeur de macaroni, figure aux trois quarts.

Haut. 1m30 cent., larg. 0m90.

ROSALBA CARRIERA

226. *Pastel.* Portrait de la comtesse Labia, dame vénitienne de la première moitié du XVIIIe siècle, célèbre par sa beauté, et dont il est question dans les lettres du président de Brosse.

Haut. 0m80 cent.; larg. 0m53 cent

LA MÊME

227. *Pastel.* — Portrait de femme âgée.

ÉCOLE DE LÉONARD DE VINCI

228. *Dessin.* — Tête laurée d'Apollon au crayon noir.

MICHEL-ANGE BUONARROTI

229. *Dessin.* — Le Christ en croix, au crayon noir

JULES ROMAIN

230. *Dessin.* — Alexandre faisant serrer les livres d'Homère, à la plume et au bistre. 201

Suivant M. de la Salle le dessin est de Polydore

REMBRANDT

231. *Dessin.* — Portrait de son fils Titus Rembrandt, à la plume. Coll. de Claussin.

MEISSONIER

232. *Dessin.* — Casque italien, beau morion ciselé et damasquiné (nº H, 79, du catalogue du Musée d'artillerie).

233. *Dessin.* — Casque italien, forme antique, ciselé et damasquiné (nº H, 132, du catalogue du Musée d'artillerie).

234. *Dessin.* — Belle armure ciselée, d'après un dessin de Jules Romain (nº G, 68, du catalogue du Musée d'artillerie).

235. *Dessin.* — Belle armure, dite *aux lions*, ciselée et damasquinée d'or et d'argent (nº G, 65, du catalogue du Musée d'artillerie).

236. *Dessin.* — Armure à écailles (nº G, 24, du catalogue du Musée d'artillerie).

237. *Dessin.* — Armure à bandes perpendiculaires (nº G, 34, du catalogue du Musée d'artillerie.)

Ces six dessins, exécutés à l'encre de Chine, rehaussée

de blanc, reproduisent avec une précision incomparable et un goût exquis des armes choisies parmi les plus précieuses de notre Musée d'artillerie.

PORTRAITS EN MINIATURE

238. *Émail.* — Portrait de la reine Christine de Suède, d'après une peinture de Sébastien Bourdon.

239. *Deux miniatures de* Rosalba Carriera. — Portrait d'Anton-Maria Zanetti, auteur de l'Histoire de la peinture vénitienne, et portrait de sa femme.

240. *Une miniature.* — Portrait de femme de la même artiste.

241. *Une miniature.* — Portrait de femme, ébauche. *Idem.*

242. *Une miniature.* — Portrait de femme, costume de la fin du XVIIIe siècle.

MINIATURES DE MANUSCRITS

243. Trois grandes lettres ornées, un montant et un bas de page dans un cadre; sur le bas de page est tracé en lettres capitales dorées :

OPVS . CONVENTVS . MINORVM . CIVITATIS . BELLVNII.

244. Deux lettres ornées et encadrement de page dans un cadre. Au bas est écrit :

OPVS.CONVENTUS.MINORVM.CIVITATIS.BELLVNII.

245. Très-grande lettre B; un saint en pied assis au milieu, provenant du même manuscrit.

246. Deux miniatures dans un cadre, la Salutation angélique et la Vierge sur un trône. — École florentine.

ANTIQUITÉS GRECQUES

MARBRES

1. **Faune debout**, portant sur sa tête une corbeille de fruits, qu'il soutient de la main droite; la figure, expressive, est d'une très-belle conservation.

   Haut. 93 cent.

2. **Les trois Graces**, bas-relief en marbre de Paros; de chaque côté un pilastre d'ordre corinthien.

   Haut. 50 cent., larg. 42 cent.

3. Torse de jeune homme nu, vu jusqu'au dessous des genoux. Proportion nature, sur base de marbre blanc; sculpture d'un modelé très-délicat.

   Haut. 1^{m}10 cent.

4. Junon diadémée et drapée, jolie statuette romaine; les bras manquent.

   Haut. 33 cent.

5. Tête de femme, style gréco-égyptien; proportion nature.

BRONZES

6. Bonne Fortune sous les traits d'Agrippine; elle est voilée et drapée avec beaucoup de goût; la main gauche supporte une corne d'abondance chargée de fruits, du milieu desquels sort un soc de charrue; elle tient de la droite une faucille et des épis.

Cette figure gréco-romaine, du meilleur style, est aussi importante par l'excellence de son exécution que par ses dimensions inusitées. Elle a été trouvée dans un édicule aux environs de Capoue, il y a trente ans, et a fait partie de la collection Teti.

Haut. 59 cent.

7. Harpocrate. — Le jeune dieu, entièrement nu, accoudé sur le bras gauche, a le corps légèrement renversé en arrière, position qui sert de la façon la plus heureuse à développer la ligne principale extérieure de la hanche et de la cuisse. L'index de la main droite est posé sur ses lèvres; la tête, ceinte d'un bandeau qui sert à retenir un *schent* (couronne des principales divinités égyptiennes), porte sur le haut du front le *crobyle* ou nœud des génies. Socle de granit rose oriental.

Ce bronze magnifique, d'un modelé plein de souplesse et de fraîcheur, appartient à la plus belle époque de l'art grec. Gravé dans la collection Louis Fould; il avait appartenu précédemment à M. Duval, de Genève.

Haut. 55 cent.

8. Vénus, grande et belle figurine d'un style très-élégant et du travail le plus soigné ; les yeux sont incrustés d'argent.

Haut. 24 cent.

9. Plutus, figurine drapée. On ne connaît qu'une seule représentation de ce personnage de la comédie d'Aristophane, le bronze célèbre du musée d'Amiens. Dans la figurine que nous décrivons ici, le dieu, enveloppé dans son manteau, semble fuir la foule importune ; sa tête chauve, d'un caractère superbe, est découverte.

Précieux spécimen du meilleur temps de l'art grec.

Haut. 14 cent.

10. Pied de table en forme d'S. La partie supérieure représente le dieu *Éros* tenant une coupe d'une main, et de l'autre un guttus ; la partie inférieure se termine par un pied de biche posant sur une grenouille. Élégant travail grec.

Long. 38 cent.

11. Suivant de Bacchus, portant un thyrse, fragment d'un meuble, coupé à mi-jambes.

Haut. 15 cent.

12. Belle lampe chrétienne. La volute de l'anse, élégamment développée, est surmontée de deux petites croix.

Haut. 19 cent., larg. 19 cent.

13. Strigile de bronze et vase de verre de forme globulaire,

ustensiles de bains, suspendus à une double chaîne, d'un beau travail, terminée par un anneau, qui servait à les porter.

14. Guerrier casqué combattant, armé de son bouclier; figurine.

Haut. 13 cent.

15. Bœuf Apis marchant; la tête est surmontée d'un disque lunaire. Bronze égyptien.

16. *Deux figurines.* Harpocrate, de travail égyptien, et une figurine de Jupiter.

VASES

17. Vase de forme globulaire avec son couvercle, très-ancienne fabrique corinthienne. La panse est ornée d'une frise de cavaliers, représentant quelques-uns des héros de l'Iliade d'Homère; sur le fond sont tracés les noms des personnages et ceux des coursiers.

Ce rare et précieux monument, fort important au point de vue épigraphique, a été l'objet d'une savante dissertation de M. le baron de Witte. C'est aussi le plus ancien vase grec connu sur lequel on ait relevé un nom d'artiste. Il est signé ΚΑΡΕΣ Μ'ΕΓΡΑΨΕ, écrit en caractères archaïques très-anciens et d'une forme inusitée.

Haut. 135 millim.

18. Petit vase de fabrique corinthienne, amphore à deux anses. La panse est décorée de deux frises d'animaux. Figures noires rehaussées de violet.

Haut. 19 cent.

19. Grand vase de forme très-élancée, dite *candélabre*. L'ouverture est largement épanouie, le col étroit, les anses élégamment enroulées descendent de l'ouverture à la panse qui est de forme ovoïde allongée. Chacune des faces est décorée d'un monument funéraire d'ordre ionique, peint en blanc et rehaussé de rouge, qu'entourent de nombreuses figures disposées sur trois registres. Le couvercle est surmonté d'une fleur de lotus. La finesse des peintures qui couvrent ce beau vase est égale à l'élégance de sa forme : ses dimensions sont exceptionnelles. Figures rouges, fabrique de la Basilicate.

Haut. avec le couvercle, 96 cent.

20. Grande coupe à deux anses ; le couvercle est orné de 7 figures de divinités présidant aux jeux et à la toilette. Ce vase, d'un dessin supérieur, est d'une parfaite conservation. Fabrique de Nola.

Diam. 42 cent.

21. Cratère à deux anses; le corps du vase est orné de figures disposées sur deux registres. Le sujet principal représente Vénus assise sous un temple, divers personnages paraissent présider à sa toilette; au revers une femme assise, vers laquelle descend un génie ailé. Très-beau spécimen admirablement conservé de la fabrique de Nola.

Haut. 39 cent.

22. Très-grand cratère à oreillons figurés par des têtes de lion; sur la panse un génie funèbre nu, portant des palmes et jouant de la double flûte; peinture blanche de la plus grande finesse.

Haut. 40 cent.

23. *Lecythus*. Deux personnages nus debout près d'un cippe, figures tracées en rouge, sur fond blanc. Fabrique athénienne.

Haut. 34 cent.

24. *Œnochoé*. Femme assise développant un volumen (Sapho). Devant elle un personnage debout drapé. Figures rouges. Nola.

Haut. 23 cent.

25. *Lecythus*. Éros assis sur un rocher, et tenant un lecythus, peinture blanche.

Haut. 18 cent.

26. Vase à deux anses de forme globulaire, peinture rouge. Nola.

27. Deux très-petits vases, peinture rouge. Nola.

28. *Lancelle* de Nola. Vernis noir très-brillant.

Haut. 22 cent.

29. *Hydrie* à trois anses. Nola. Vernis noir très-brillant.

Haut. 18 cent.

30. *Guttus.* Le goulot est formé par une tête de lion. Vernis noir très-brillant. Nola.

31. Petit vase de forme globulaire avec son couvercle, couvert de cannelures. Vernis noir.

32. Une jolie petite coupe. Vernis noir à reflets argentés, au fond l'empreinte, en relief, d'un médaillon de Syracuse.

33. Vase de forme cylindrique, en terre cuite; l'extérieur est décoré de reliefs représentant des masques scéniques et de squelettes, le tout d'une exécution très-fine, représentation figurée fort rare.

Haut. 11 cent.

VASES DE FORMES SINGULIÈRES

34. *Rhyton.* Figures rouges et blanches. Basilicate. Tête de griffon; sur le col, Pâris tenant une lance, armé d'un bouclier.

35. *Rhyton.* Figures rouges, Basilicate, tête de mulet bridé; sur le col, un guerrier dansant autour de son bouclier.

36. *Rhyton.* Figures rouges, Basilicate, tête de chien-loup; sur le col, figure assise tenant un miroir.

37. *Rhyton.* Figures rouges, Basilicate, tête de bœuf; sur le col, un buste de femme.

38. *Rhyton*. Figures rouges et blanches, Basilicate, tête de bélier; sur le col, une femme debout tenant un vase et un flabellum.

39. *Rhyton*. Figures rouges et blanches, Basilicate, tête de chevrette ; sur le col, génie funéraire assis, tenant une ciste.

40. *Rhyton*. Figures rouges, Nola, tête de cerf ; sur le col, deux personnages debout. Vase d'un modelé très-fin et d'un vernis très-brillant.

41. *Rhyton*. Figures rouges, Nola. Tête de bélier ; sur le col, une jeune courtisane, drapée dans son peplum, entre deux jeunes gens; l'un fait un geste de surprise, comme émerveillé de sa beauté, l'autre semble appeler ceux qui le suivent. Charmant vase de style athénien.

42. *Forme de sphinx* accroupi, surmonté d'un modius et à une anse, figures rouges, Nola ; sur le col, une femme drapée assise, tenant un vase, devant elle un homme nu debout. Vase de forme rare et d'un très-beau style.

Haut. 29 cent.

43. *Forme de deux têtes accolées,* à long col et à deux anses, figures rouges ; Basilicate, tête peinte en blanc. Sur le col, deux génies funèbres.

Haut. 27 cent.

44. *Forme tête de femme diadémée,* à une anse, ouverture en trèfle ; terre cuite, peinture blanche.

Haut. 20 cent.

45. *Forme tête de femme*, les cheveux retenus par une bandelette, à une anse, ouverture en trèfle ; terre cuite, peinture blanche.

Haut. 20 cent.

46. *Forme tête de femme* surmontée du modius, à une anse ; non colorié à l'extérieur, et vernis noir à l'intérieur.

Haut. 21 cent.

47. *Forme tête de femme* (Ariadne), à une anse, ouverture en trèfle, ancien style. Une couronne de lierre peinte en blanc entoure la tête.

Haut. 19 cent.

48. *Forme tête d'Éthiopien ;* vase noir.

49. *Petit vase.* Forme tête de femme, peinte en blanc.

50. *Guttus.* Tête de guerrier casqué, peint en noir rehaussé de violet. Fabrique corinthienne.

51. *Forme tête de faune barbu*, surmonté du modius et à une anse ; Basilicate. Ce beau vase, d'un modelé énergique, présente cette particularité qu'il est complétement retouché à l'ébauchoir.

Haut. 15 cent.

52. *Forme d'une colombe ;* l'anse et l'ouverture sont placées sur le dos. Vase d'une belle exécution et d'une forme excessivement rare.

53. Vase formé d'un satyre accroupi tenant une outre. Nola. Représentation très-curieuse; les jambes sont bottées.

54. *Guttus.* Vase formé par un personnage scénique couché sur une amphore.

55. *Guttus;* vernis noir. Vase forme d'osselet.

56. *Guttus.* Forme d'un singe accroupi. Fabrique archaïque.

57. Vase forme d'une biche couchée. Fabrique archaïque; peinture violette.

58. Vase semblable.

POTERIES ANTIQUES ÉMAILLÉES

59. Vase de forme globulaire, à goulot étroit; l'anse forme un nœud. Émaillé en vert.

60. Coupe profonde, à deux anses. Le vase est d'un joli galbe, les parois très-minces. Émail vert à l'extérieur; la terre est nue à l'intérieur.

61. *Lampe* avec un groupe obscène de quatre personnages. Émail vert foncé.

62. *Lampe* unie. Émail vert foncé très-épais.

63. Grande lampe à un seul bec. Émail vert épais, couvert d'une patine blanche à reflets argentés.

Les poteries antiques émaillées, très-intéressantes pour l'histoire de la céramique, sont fort rares; elles proviennent toutes de fouilles exécutées dans la Grande-Grèce.

VERRES ANTIQUES

64. Coupe d'un profil élégant; le dessous est orné de feuilles d'acanthe et de godrons en relief, exécutés au tour du lapidaire. Verre blanc.

Diam. 18 cent.

65. Très-grand vase de verre blanc, forme *dépas :* les anses parfaitement évidées sont, ainsi que le corps du vase, complétement repris au tour du lapidaire.

Diam. 34 cent.; haut. 15 cent.

66. Grande lampe de suspension, verre blanc travaillé à la roue.

Diam. 16 cent.; haut. 13 cent.

67. *Dépas* en verre blanc travaillé à la roue; les anses évidées avec soin.

Diam. 20 cent.; haut. 10.

68. Autre vase semblable.

69. Grande coupe de forme conique sans pied, verre jaune uni, travaillé à la roue.

Diam. 17 cent.

70. Coupe de verre blanc sans pied, de forme hémisphérique.

Diam. 17 cent.

71. Autre coupe semblable.

Les huit vases de verre qui précèdent, d'un travail antique fort rare et nouveau pour nous, proviennent de fouilles exécutées à Cume, par le comte de Syracuse, il y a dix ans.

Diam. 17 cent.

72. Amphore de forme globulaire, verre bleu foncé, chevrons jaunes et bleus.

73. Petit vase à une anse (*Œnochoé*), bleu, à filet jaune.

TERRES CUITES

74. *Cérès* assise sur un trône couvert d'un triple coussin; une longue tunique descend jusqu'à ses pieds; la tête est surmontée du modius. Figurine de très-ancien style grec en Sicile.

75. *Cérès* assise sur un trône; une tunique rigide cache les bras et dissimule toutes les parties du corps. Traces de coloriage et de dessin semblables à ceux des figures égyptiennes.

76. *Cérès.* Figurine assise, du même genre que la précédente.

77. *Cérès.* Figurine assise, semblable à la précédente.

78. *Cérès* ou la Terre. Buste à mi-corps; la tête est coiffée du modius.

79. Figurine drapée debout. Très-ancien style.

80. Femme couchée, vêtue d'une longue tunique; ses cheveux descendent en tresses sur ses épaules.

Ce petit monument rappelle le grand tombeau grec, de terre cuite coloriée, du Musée Napoléon III.

81. Bas-relief. Victoire agenouillée, sacrifiant un taureau.

82. Figurine. Jeune femme debout, couverte d'un peplum élégamment drapé.

83. Figurine. Jeune femme enveloppée d'un peplum.

84. Figurine. Jeune femme portant un flabellum.

85. Figurine. Ménade dansant; elle tient un tyrse.

86. Grotesque. Figure d'homme drapée. Un orateur.

87. Figurine assise. Jeune homme (*Atys*) coiffé d'un bonnet phrygien, jouant de la flûte de Pan. Rare.

88. *Cérès* tenant Plutus entre ses bras. Rare.

89. *Bacchus* jeune, debout, appuyé sur un thyrse et couronné de pampres.

90. *Hercule* assis sur la dépouille du lion de Némée, tenant d'une main un dépas et de l'autre sa massue. Figurine d'un modelé très-puissant.

91. *Éros* monté sur un coq.

92. *Éros* couronné de pampres monté sur une biche.

93. *Éros* couronné de pampres monté sur un chien.

94. *Les trois Parques.* Clotho tient une quenouille et un fuseau; Lachésis, une balance; Atropos, des ciseaux et un volumen. Groupe d'une grande fraîcheur et d'une très-grande rareté.

95. Jeune femme assise. Figurine d'un mouvement gracieux.

96. Guerrier samnite assis, complétement enveloppé dans son manteau. Figurine coloriée.

97. Trois têtes de lion de style archaïque. Appliques.

98. Diverses figurines et têtes de statuettes.

---

99. Lampe à sujet obscène, composé de deux figures. Elle porte au revers la marque de fabrique : Clodia.

100. Deux lampes d'un galbe élégant et d'une exécution très-soignée.

SCARABÉES PHÉNICIENS

101. Agate rubannée. Hercule phénicien enlevant deux lions par la queue ; au-dessus de sa tête, l'épervier sacré.

Pierre remarquable par ses dimensions et par la finesse de la gravure.

102. Jaspe vert. Hercule phénicien combattant un lion.

103. — Même sujet traité différemment.

104. — La barque de l'Amenthi, Astarté assise.

105. — Monture antique en argent. Homme nu courant, tenant un poignard.

106. — Mercure courant, tient son caducée ; devant lui un poisson.

107. Jaspe vert. Guerrier combattant, armé de sa lance et couvert de son bouclier.

108. — Même sujet traité différemment.

109. Jaspe vert. Partie antérieure d'un lion adossée à la partie antérieure d'un sanglier renversé, placée en sens inverse.

110. — Guerrier agenouillé — homme courant, tenant une coupe et un vase. — Deux scarabées fragmentés.

111. — Lion assis.

---

112. Un petit vase antique de porphyre rouge ; l'anse est prise dans la masse, l'intérieur évidé avec le plus grand soin.

MÉDAILLES

DE LA RENAISSANCE

PAPES

1. **Jean VII.** IOANNES. VII. P. M. Buste à droite. ℟. Écusson avec deux clefs en sautoir, surmontés d'une tiare.
Diam. 4 cent.

2. **Caliste III.** CALISTVS. PAPA. TERTIVS. Buste du pape avec la tiare à gauche. ℟. ALFONSVS. BORGIA. GLORIA. ISPANIE. Écusson, deux clefs en sautoir et tiare pontificale.
Diam. 4 cent.

3. **Paul II.** PAVLO. VENETO. PAPE. II. ITALICE. PACIS. FVNDATORI. ROMA. Buste à droite. ℟. Sans légende, écusson; au-dessus, deux clefs en sautoir et tiare. Médaille ovale.
Haut. 5 cent.

4. La même médaille.
Haut. 4 cent.

5. *Le même.* PAULVS. II. VENETVS. PONT. MAX. Buste à gauche. ℟. ANNO. CHRISTI. MCCCCLXV. HAS. AEDES. CONDIDIT. Monument avec deux tours. (Attribuée au Vellano.)
Diam. 4 cent.

6. *Le même.* PAVLUS. II. VENETVS. PONT. MAX. Buste à gauche. ℟. On lit dans une couronne : JACOBVS. GOTTIFREDVS. ROMANUS. PHISICVS. EJVSDEM. SVFFRAGIO. HAS. EDES. A. FVNDAMENTIS. EREXIT.

Diam. 4 cent.

7. **Consistoire sous Paul II.** SACRVM. PVBLICVM. APOSTOLICVM. CONSISTORIVM. PAVLVS. VENETV. PP. II. L'assemblée du consistoire. ℟. JVSTUS. ES. DOMINE. ET. RECTVM. JVDICIVM. TVVM. MISERERE. NOSTRI. DO. MISERERE. NOSTRI. Le Christ assis au milieu des saints.

Diam. 8 cent.

8. La même médaille.

9. **Sixte IV.** SIXTVS IIII. PONT. MAX. SACRI. CULT. Buste à gauche. ℟. PARCERE. SVBJECTIS. ET. DEBELLARE. SVPERBOS. Génie nu, debout, tenant un drapeau; au bas, combat sur mer et captifs turcs enchaînés ; à l'exergue, CONSTANTIA, et dans le champ, M. CCCC. LXXXI. SIXTE. POTES.

Diam. 6 cent.

10. *Le même.* SIXTVS. PP. IIII. VRBIS. RENOVATOR. Buste à gauche. ℟. CONCOR. ET. AMATOR. PACIS. PONT. MAX. PPP. La Concorde et la Paix debout se donnant la main; à l'exergue, ECCLESIA.

Diam. 7 cent.

11. *Le même.* SIXTVS. IIII. PONT. MAX. SACRI. CVLT. Buste à gauche. ℟. HEC. DAMVS. IN. TERRIS. AETERNA. DABVNTVR. OLIMPO. Deux personnages ecclésiastiques, dont l'un tient une croix et l'autre le feu sacré, placent la tiare sur la tête du Pape assis.

Diam. 5 cent.

12. La même médaille.

13. *Le même.* SIXTVS. IIII. PONT. MAX. SACRICVLTOR. Buste à gauche. ℞. CVRA. RERVM. PVBLICARVM. Un pont sur le Tibre.

Diam. 4 cent.

14. **Innocent VII**. INNOCENTII. JANVENSIS. VII. PONT. MAX. Buste à gauche d'Innocent VII. ℞. INGRESSVS. SVM. IN. INNOCENTIA. MEA. Écusson, deux clefs en sautoir, et la tiare.

Diam. 5 cent.

15. **Alexandre VI**. ALEXANDER. VI. PONT. MAX. Buste à gauche. ℞. CORONAT. Couronnement du pape sous un dais et nombreux personnages. (Médaille de Caradosso.)

Diam. 5 cent.

16. **Jules II**. JVLIVS. LIGVR. PAPA. SECVNDVS. M. CCCCCVI. Son buste à droite. ℞. PEDO. SERVATAS. OVES. AD. REQVIEM. AGO. Un pasteur et son troupeau.

Diam. 6 cent.

17. *Le même.* JVLIVS. LIGVR. PAPA. SECVNDVS. M. CCCCCVI. Son buste à droite. ℞. TEMPLI. PETRI. INSTAVRACIO. La basilique de Saint-Pierre ; à l'exergue, VATICANVS. M. (Médaille de Caradosso.)

Diam. 6 cent.

18. **Jules II**. JVLIVS. LIGVR. PAPA. SECVNDVS. Buste à gauche. ℞. PORTVS CENTVM. CELLAE. Un port de mer.

Diam. 4 cent.

19. **Léon X**. LEO. X. PONT. MAX. Buste à droite. ℞. Rome Nicéphore assise sur des boucliers ; dans le champ C. P. A l'exergue, ROMA.

Diam. 4 cent.

20. **Clément VII**. CLEMENS. VII. PONT. MAX. Buste à droite,

I. V. ℞. MIIII. SCEPTRA. CONSILIAT. Cybèle sur un lion ; à l'exergue VTTVS ?

Diam. 5 cent.

21. *Le même.* CLEMENS. VII. PONT. MAX. AN. XI. M. D. XXXIIII. Buste à gauche. ℞. CLAVDVNTUR. BELLO. PORTAE. Femme demi-nue debout, tenant une corne d'abondance, sa main gauche porte une torche allumée sur des armes ; devant elle un monument, au pied duquel est un captif enchaîné. (Par Benvenuto Cellini.)

Diam. 4 cent.

22. **Jules III.** IVLIVS. III. PONT. MAX. AN. IVBILEI. Buste à droite. ℞. HILARITAS. PVBLICA. L'Allégresse debout avec ses attributs. Médaille d'argent d'Alex. Greco.

Diam. 5 cent.

23. Médaille semblable, en bronze.

24. **Grégoire XIII.** GREGORIVS. XIII. PONT. MAX. ANNO. IVBILEI. Buste du pape à gauche. Dessous, FED. PARM. ℞. APERVIT. ET. CLAVSIT. ANNO. M. D. LXXV. La Porte Sainte ; dessous, ROMA.

Diam. 4 cent.

25. **Léon XI.** LEO. XI. PONT. MAX. ANNO. I. Son buste à gauche. ℞. DE. FORTI. DVLCEDO. M.D.C.V. Un lion mort ; au-dessous de lui, un essaim d'abeilles. Sous la base, GIO. PARM.

26. **Paul V.** PAVLUS. V. BVRGHESIVS. RQ. PONT. MAX. A. D. M. D. C. XIII. P. IX.] Buste à droite ; dessous, PAVL. SANQVIR. (Médaille de Paul Sanquirico, de Milan.)

Diam. 6 cent.

27. **Urbain VIII.** VRBANVS. VIII. PONT. MAX. A. XX. Buste à

droite; dessous, G. M. ℟. VBERIORI. ANNONÆ. COMMODO. Vastes magasins dans une couronne de chêne.

Diam. 5 cent.

28. *Le même.* VRBANVS. VIII. PONT. MAX. A. III. Buste à droite; dessous, GASP. MOLO. ℟. PONAT. FINES. SVOS. PACEM. Le Pape et son clergé ouvrant la Porte Sainte; à l'exergue, M. D. C. XXV.

Diam. 5 cent.

29. **Alexandre VII.** ALEXANDER. VII. P. M. PIVS. JVST. OPT. SENEN. PATR. GENTE. CHISIUS. M. D. C. LXI. Son buste à droite, avec la main bénissant. ℟. NOBILIUS. PER. TE. SITVS. FEVAM. INEXHAVSTVS. Un monument devant une fontaine. Cette médaille, de 18 cent. de diam., est en deux parties qui s'ouvrent à charnière. Du côté de l'avers, on lit : ALEXANDRO. VII. P. O. M. VRBE. A. PESTE. EXPVRGATA. VIIS. PLATERIS. SALIENTIBVS. ÆDIFICIIS. TEMPLIS. Q. EXORNATA. REI. FRVMENTARIAE. COPIA. IN. ANNONAE. CARITATE. CVMVLATA. A. BELLORVM. PERICVLIS. TERRA. MARI. Q. PRAESIDIIS. CONFIRMATA. VENETIS. CONTRA. TVRCAS. MILITE. CLASSE. ARGENTO. SAEPIVS. ROBORATIS. SOCIETATE. IESV. IN. EORVM. DITIONEM. RESTITVTA. SVECIAE. REGINA. ROMANAM. PROFESSA. FIDEM. POMPA. TRIUMPHALI. EXCEPTA. PROBATIS. P. P. INTEGRAE. VIRTVTIS. CENSV. AD. PVRPVRAM. DELECTIS. TRIPLICI. PORTICV. VATICANAE. AREAE. CIRCVMDVCTA. PETRI. CATHEDRA. PONTIFICALI. DECORE. JAM. NOBILITATA. S. P. Q. R. Du côté du revers, on lit : COMMUNI. PLAVSV. STATVAM. IN. CAPITOLIO. DECREVIT. MODESTISSIMVS. PRINCEPS. RECVSAVIT. DOMINICVS. JACOBATIUS. ROMANVS. PUBLICIS. IMPAR. MONVMENTIS. BENEFICIORVM. IN. RELIGIONEM. IN. PATRIAM. ET. IN. SEIPSVM. MEMOR. NVMISMA. EX. AERE. ARGENTO. AURO. JAM. CONFLATVM. HIS. TANDEM. CHARTIS. AERE. PE-

RENNIORIBVS. COMMISSVM. OBSERVANTISSIMVS. CONSECRAVIT. ANNO. QVO. SOLLICITVDINIS. PONTIFICIAE. VOTORVM. AERVMNARVM. AERIS. MAGNO. PAR. PRETIO. REDEMPTA. MANABAT. DE. COELO. PAX. (Bélière.)

30. Un lot de quatre médailles, papales, satiriques; buste formé de deux têtes représentant celle du pape d'un côté, de l'autre la tête du diable.

ECCLÉSIASTIQUES

31. **Barbo.** PETRVS. BARBUS. VENETVS. CARDINALIS. S. MARCI. Buste à gauche. ℟. ANNO. CHRISTI. M. CCCCLV. HAS. AEDES. CONDIDIT. Écusson surmonté du chapeau de cardinal. (Médaille de Vellano de Padoue.)

Diam. 4 cent.

32. **Rosarius.** VIRGILIVS. ROSARIVS. CAR. DE. SPOLETO. Buste barbu avec la barette à gauche. ℟. FIDE. ET. PRVDEN. COLVI. DONEC. Une main entourée d'un serpent, à côté une rose épanouie.

Diam. 4 cent.

33. **Philippe de Médicis.** PHILIPPVS. DE. MEDICIS. ARCHIEPISCHOPVS. PISANVS. Son buste à gauche dans un cercle; en dehors du cercle on lit : SVPERA. VIRTVTE; au-dessous du buste un écusson. ℟. ET. IN. CARNE. MEA. VIDEO. DEVM. SALVATOREM. MEVM. La résurrection. (Médaille d'Antonio Pollajuolo.)

Diam. 6 cent.

34. **Savonarola.** HIERONIMVS. SAV. FER. VIR. DOCTISS. ET. PROPHETA. SANTISMVS. Son buste à gauche, en habit de

religieux. ℞. GLADIVS. DOMINI. SVP. TERRAM. ET. VELOCITER. La ville de Florence; au-dessus, un bras armé d'un poignard sort des nuages. (Médaille d'Andrea della Robbia.)

Diam. 6 cent.

35. **Julien et Clément della Rovere**. JVLIANVS. EPS. OSTIEN. CAD. S. P. AD. VINCVLA. Buste à droite. ℞. CLEMENS. DE. RVVERE. EPS. MIMATEN. Buste à droite.

Diam. 7 cent.

36. **Pietro Bembo**. PETRI. BEMBI. CARD. Buste avec une longue barbe à droite. ℞. Pégase. (Médaille attribuée à Benvenuto Cellini.)

Diam. 6 cent.

37. **Averoldus Altobellus**. ALTOBELLVS.AVEROLDVS.BRIXIEN. POLEN. EPS. LEGTS. APOST. Buste à droite. ℞. Deux hommes nus, essayant de voiler la Vérité. A l'exergue, VERITATI. D.

Diam. 10 cent.

38. **Malegrassi**. NICOLAVS. MALEGRASSI. EPS. VIECIENSIS. Buste à droite; au-dessus, une coquille. ℞. IN. VMBRAM. MANVS. SVE. PROTEXIT. ME. DOMINVS. Écusson; au-dessus, la tête d'une crosse et une coquille.

Diam. 8 cent.

39. **Rubius**. BER. RV. CO. B. EPS. TAR. LE. BO. VIC. GV. ET PRAE. Son buste à droite. ℞. OB. VIRTUTES. IN. FLAMINIAM. RESTITVTAS. Femme debout sur un char, tenant un pavot; elle est traînée par un aigle et un dragon.

Diam. 7 cent.

40. **Alexandre Farnèse**. ALEXANDER. CARD. FARN. S. R. E. VICECAN. Buste à droite; dessous IOV. MELON. F. ℞. FECIT.

ANNO. SAL. MDLXXV. Église des Jésuites; au dessous, ROMAE. (Giovanni Melone.)

Diam. 5 cent.

41. *Le même.* ALEXANDER. CARD. FARN. S. R. E. VICEC. Buste à droite; dessous 1578. ℟. VEL. HIC. EJVS. SPLENDOR. EMICAT. Un palais, dessous CAPRAROLA.

Diam. 5 cent.

42. **De Cappodiferro.** MARCELLVS. DE. CAPODEFERRO. Buste à droite. ℟. HOSPES. VIRORVM. MERCVRIALIVM. Un taureau à droite.

Diam. 4 cent.

43. **Grandvelle.** ANT. S. R. E. PBR. CARD. GRANDVELANVS. Son buste à droite dans un grand cercle à bélière, sans revers. (Giov. Melone.)

Diam. 9 cent.

44. *Le même.* ANT. S. R. E. PBR. CARD. GRANVELANVS. Buste à droite. ℟. DVRATE. Un vaisseau sur une mer agitée. (Giov. Melone.)

Diam. 5 cent.

45. **Mierop?** COR. MIIEROP. D. G. PPTS. ET. ARHPS. TRA. AET. S. 48. Buste à gauche. ℟. DVRVM. PATIENTIA. FRANCO. A. 1558. Écusson; au-dessus, un chapeau de cardinal; dessous, STE. H. F.

Diam. 8 cent.

46. **D'Egmond.** D. GEORG. DEGMOND. EPS. TRA. AET. S. 54. 1558. Buste avec les habits sacerdotaux à droite. ℟. PIETATEM. EXERCE. Deux mains sortant des nuages et laissant tomber des pièces de monnaie sur la terre; sur une base STE. H. F.

Cette médaille ainsi que la précédente ont été exécutées dans les Flandres. Le nom de l'artiste, Stephanus H., n'est pas connu.

Diam. 7 cent.

47. **Ludovisi.** FRAGILEM. ARENAM. JACIMVS. VT. DOMVM. FVNDEMVS. AETERNAM. Buste à droite de Ludovisi. ℟. LVDOVICVS. CARD. LVDOVISIVS. S. R. E. VICECANCELL. FVNDAVIT. Façade de l'église de Saint-Loyola à Rome; dessous, AN. M. D. C. XXVI.

Diam. 7 cent.

48. **Louis, Patriarche d'Aquilée.** L. AQVILEGIENSIVM. PATRIARCA. ECCLESIAM. RESTITVIT. Buste à droite. ℟. ECCLESIA. RESTITVTA. EX. ALTO. Une armée, fantassins et cavaliers, se dirigeant vers un temple. 1447.

Diam. 4 cent.

49. Même médaille.

EMPEREURS

50. **Constantin XIV**, Dracoses, 1448-1453, dernier empereur chrétien de Constantinople. CONSTANTINVS. IN. XPO. DEO. FIDELIS. IMPERATOR. ET. MODERATOR. ROMANORVM. ET. SEMPER. AVGVSTVS. L'empereur à cheval avec une couronne, allant à droite. ℟. DOMINI. NOSTRI. IHV. XPI. MIHI. ABSIT. GLORIARI. NISI. IN. CRVCE. Deux femmes assises auprès d'une corbeille, de laquelle sortent des fleurs et la croix; derrière chaque femme, un aigle sur une base.

Diam. 10 cent.

51. **Maximilien**. MAXIMILIANVS. DEI. GRA. ROMANOR. REX. SEMPER. AVGVSTVS. Buste couronné et cuirassé de Maximilien à gauche; d'une main il tient son épée et de l'autre un sceptre. ℟. REGNOR. REX. HERS. QZ. ARCHIDVC. AVSTRE. PLVRIMAR. QZ. EVROP. PROVINCIAR. DNS. DVX. ET. D. XPIA. Cinq écussons et le millésime 1505. Méd. d'argent.

Diam. 5 cent.

52. **Charles-Quint**. IMP. CAES. CAROLVS. V. AVG. Buste de Charles-Quint avec la toge et lauré à droite, sans revers.

Diam. 11 cent.

52 *bis*. *Le même*. IMP. CAROLVS. V. AVG. Buste lauré et cuirassé de Charles-Quint à droite, sans revers.

Diam. 7 cent.

53. *Le même*. CAROLVS. V. DEI. GRATIA. ROMAN. IMPERATOR. SEMPER. AVGVSTVS. REX. HISP. ANNO. SAL. D. CXXXVII. AETATIS. SVAE. XXXVII. Buste à droite de l'empereur avec un petit chapeau, le manteau impérial et l'ordre de la Toison d'or; il tient d'une main le globe et de l'autre son sceptre; sans revers. (Médaille de Henri Retz d'Augsbourg.)

Diam. 7 cent.

54. **Rodolphe II**. RVDOLPHVS. II. RO. IM. REX. HV. BO. Buste de face de Rodolphe II. ℟. FVLGET. CAES. ASTRVM. Un aigle et un capricorne dans le cercle du zodiaque; argent doré.

Diam. 3 cent.

PRINCES SOUVERAINS D'ITALIE

NAPLES

54 *bis*. **Alfonse d'Aragon**. ALFONSVS. REX. ARAGONVM. Son buste à droite. ℟. OPVS. PAVLI. DE. RAGVSIO. Femme debout tenant des pavots de la main droite, la gauche appuyée sur un bâton entouré d'un serpent. (Médaille de Paul de Raguse.)

Diam. 4 cent.

55. **Alfonse V d'Aragon**. ALFONSVS. REX. REGIBVS. IMPERANS. ET. BELLORVM. VICTOR. Buste cuirassé à droite; dessous une couronne. ℟. CORONANT. VICTOREM. REGNI. MARS. ET. BELLONA. Le roi, assis sur son trône, tenant un sceptre et le globe, est couronné par Mars et Bellone; à l'exergue, le nom du graveur CHRISTOPHORVS. HIERIMIA.

Diam. 8 cent.

56. **Ferdinand d'Aragon**. FERDINANDVS. ALFONSI. DVC. CALAB. F. FERD. REG. N. DIVI. ALFON. PRON. ARAGONEVS. Buste à droite; dans le champ, CAPVE. PRINCEPS. ℟. PVBLICAE. FELICITATIS. SPES. L'Abondance, assise, tenant une corne d'abondance et des épis, un aigle volant. Sous le siége de l'Abondance un W.

Diam. 7 cent.

57. **Gonzalve de Cordoue**. CONSALVVS. AGIDARIVS. TVR. GAL. DEI. R. Q. C. D. DICTATOR. III. Écusson; de chaque côté, Hercule et Janus. PARTA. ITALIE. PACE. JANVM. CLAVSIT. ℟. CONSALVI. AGIDARI. VICTORIA. Combat entre

des cavaliers et des fantassins auprès d'une ville assiégée; à l'exergue, DE. GALLIS. AD. CANNAS.

Diam. 5 cent.

LA SAVOIE

58. **Philibert II, de Savoie**. PHILIBERTVS. DVX. SABAVDIE. VIII. MARGVA. MAXI. CAE. AVGT. FIL. D. SA. Bustes affrontés de Philibert II et de Marguerite; le champ est semé de lacs d'amour et de fleurs du soleil. ℟. GLORIA. IN. ALTISSIMIS. DEO. ET. IN. TERRA. PAX. HOMINIBVS. BVRGVS. Écusson; dans le champ, lacs d'amour et fleurs du soleil, FERT.

Diam. 11 cent.

59. **Emmanuel Philibert**. EM. PHILIB. DVX. SABAVDIAE. Buste à droite. ℟. CAR. EM. PRINCEPS. SABAV. Buste de Charles-Emmanuel à droite.

Diam. 3 cent.

60. **Charles-Emmanuel**. CAROLVS. EMMANVEL. D. G. DVX. SAB. P. P. AN. 55. Buste à droite cuirassé, tenant le bâton de commandement; sous le buste, N. D. 1627. Sans revers. (Médaillon très-rare.)

Diam. 8 cent.

VENISE

61. **Pascal Malipieri et sa femme Jeanne,** 1457-1462. PASQVALIS. MARIPETRVS. VENETVM. D. Buste à gauche. ℟. IOANNE. ALME. VRBIS. VENEZIAR. DUCISE. INCLITE. Son buste à gauche.

Diam. 9 cent.

62. **Christophe Mauro,** 1462-1471. CHRISTOPHORVS. MAVRO. DVX. Buste du doge à gauche; dessous, ANT. ℞. VENETIA. MAGNA. Venise assise, tenant de la main droite une épée, la gauche sur son bouclier; à ses pieds, deux lions et deux saints couchés.

Diam. 4 cent.

63. **Marco Barbarigo.** MARCVS. BARBADICO. DVX. VENECIAR. Buste du doge à droite. ℞. SERVAVI. BELLO. PATRIAM. MORBO. QVE. FAME. QVE. JVSTITIAM. FOVI. PLVS. FARE. NON. POTVI. Longue inscription en dix lignes, dans une couronne de lierre.

Diam. 6 cent.

64. **Augustin Barbarigo,** 1486-1501. AVGVSTINVS. BARBADICVS. VENETORUM. DUX. Buste de face du doge avec une longue barbe. ℞. Le doge tenant un étendard, à genoux devant le lion de Saint-Marc. OPVS. SPERANDEI.

Diam. 9 cent.

65. **Leonard Lorédan.** LEONAR. LAVREDANVS. DVX. VENETIAR. ET. C. Buste du doge à gauche. ℞. AEQVITAS. PRINCIPIS. L'Équité debout.

Diam. 7 cent.

66. **André Gritti, doge de Venise.** Buste du doge avec bonnet et manteau brodé à droite, accosté des deux lettres A. G. Ce beau médaillon carré, ouvrage de Victor Camelio, n'a pas de revers. Très haut relief.

Haut. 14 cent.

67. *Le même.* ANDREAS. GRITI. DVX. VENITIAR. M. C. XXIII. Buste à gauche. ℞. DIVI. FRANCISCI. MDXXXIII. Eglise de Saint-François; dessous, AN. SP. F. (Andrea Spinelli fecit.)

Diam. 4 cent.

68. Même médaille.

69. *Le même.* ANDREAS. GRITTI. DVX. VENETIAR. Buste du doge à gauche; dessous, une branche de laurier. ℞. DIVI. FRANCISCI. Façade de l'Église Saint-François, à Venise.
Diam. 3 cent.

70. **Marie-Antoine Memmo**. MARCVS. ANTONIVS. MEMMO. DVX. VENETIARVM. Buste à droite avec le bonnet et l'habit de doge; sous le buste, G. DVPRE. F. 1611. Médaille avec bélière, sans revers.
Diam. 10 cent.

71. **Antoine da Mula**. ANT. MVLA. DVX CRETAE. X. VIR. III. CONS. IIII. Buste à gauche. ℞. CONCORDIA. FRATRUM. 1538. Deux hommes debout se donnant la main. A l'exergue, AND. SPIN. F. (André Spinelli fecit.)
Diam. 4 cent.

MILAN

72. **Philippe-Marie Visconti**, 1391-1447. PHILIPPVS. MARIA. ANGLVS. DVX. MEDIOLANI. ETCETERA. PAPIE. ANGLERIE. QVE. COMES. AC. GENVE. DOMINVS. Buste à droite. ℞. OPVS. PISANI. PICTORIS. Le duc à cheval, suivi de ses hommes d'armes; dans le lointain, la ville de Milan.
Diam. 10 cent.

73. **Louis Sforce**. LUDOVICVS. M. SF. ANGLVS. DUX. M. Buste à droite, un caducée sur la poitrine. Médaille ovale, sans revers. (Ouvrage de Caradosso.)
Diam. en longueur, 4 cent.

74. **Louis Sforce**. LVDOVICVS. MA. SF. VICO. DVX. BARI. DVC.

GVBER. Son buste à droite. ℟. OPTIMO. CONSILIO. SINE. ARMIS. RESTITVTA. Une armée passe devant le prince qui est assis sur une estrade ; dans le lointain, on voit le château, sur l'estrade on lit : P. DECRETO. (Médaille de Caradosso.)

Diam. 4 cent.

GÊNES

75. **Baptiste Fulgose.** BAPT. FVLGOS. JANVE. LIGVR. Q. DVX. PETR. DY. FIL. Buste à droite. ℟. AVDACIA. ET. VICTVS. PECVLIARES. Salamandre fascinant un oiseau qu'elle attire dans sa gueule. Médaillon de la plus grande rareté.

Diam. 5 cent.

76. **André Doria**. ANDREAS. DORIA. P. P. Son buste à droite ; cheveux courts et longue barbe, derrière la tête un trident ; dessous, un dauphin. ℟. Une galère en mer, suivie d'une petite barque. Médaille de Leone Lioni.

Diam. 4 cent.

77. Médaille semblable.

FLORENCE

78. **Cosme de Médicis,** *père de la patrie*, 1389-1464. COSMVS. MEDICES. DECRETO. PVBLICO. P. P. Buste à gauche. ℟. PAX. LIBERTAS. QVE. PVBLICA. L'Espérance assise, tenant un globe ; à l'exergue, FLORENTIA.

Diam. 8 cent.

79. **Laurent** *le Magnifique*, 1448-1492. MAGNVS. LAVRENTIVS. MEDICES. Buste à gauche, sans revers.

Diam. 9 cent.

80. **Laurent de Médicis.** LAVRENTIVS. MEDICES. Son buste à gauche; dessous, l'intérieur de la cathédrale de Florence. SALVS. PVBLICA. ℟. JVLIANVS MEDICES. Son buste à gauche; dessous, même intérieur de la cathédrale de Florence. LVCTVS PUBLICVS. Cette médaille, du célèbre artiste Antonio Pollainolo, a trait à la conjuration des Pazzi et à l'assassinat de ces deux princes dans la basilique de Sainte-Marie des Fleurs, en 1478.

Diam. 7 cent.

81. **Julien de Médicis.** MAG. JVLIANUS. MEDICES. Buste à gauche. ℟. Femme assise sur des armes et tenant une Victoire dans sa main droite, elle est accostée des lettres C. P. A l'exergue, ROMA.

Diam. 3 cent.

82. Même médaille.

83. **Alexandre Ier de Médicis.** ALEXANDER. MED. DVX. FLORENTIAE. I. Buste à droite. ℟. FVNDATOR. QVIETIS. M. C. XXXIIII. La Paix assise, portant sur des armes une torche allumée.

Diam. 4 cent.

84. **Lorenzino de Médicis.** LAVRENTIVS. MEDICES. Buste à droite. ℟. VIII. ID. JAN. Bonnet de la liberté entre deux poignards. Cette médaille, au revers semblable à celui du denier de Brutus, fut frappée en mémoire du meurtre d'Alexandre Ier par Lorenzino de Médicis, en 1537.

Diam. 4 cent.

85. **Cosme Ier.** COSMVS. MED. II. REI. P. FLOR. DVX. Buste à droite. ℞. SALVS. PVBLICA. Hygie debout, donnant à manger à un serpent.

Diam. 3 cent.

86. **Cosme Ier de Médicis.** COSMVS. MED. FLOREN. ET SENAR. DVX. II. Son buste à droite. ℞. IVSTITIA. VICTRIX. La justice, tenant une balance et une épée, debout sur une colonne.

Diam. 4 cent.

87. **Cosme Ier.** COSMVS. II. MED. REI. P. FLOR. DVX. Buste à droite. ℞. ANIMI. CONSCIENTIA. ET. FIDVCIA. FATI. Capricorne et étoiles.

Diam. 4 cent.

88. **Éléonore.** ELEONORA. FLORENTIAE. DVCISSA. Buste à gauche. ℞. CVM. PVDORE. LAETA. FOECVNDITAS. Un paon sur son nid, entouré de ses petits.

Diam. 5 cent.

89. **François Ier de Médicis.** FRANCISC. MED. MAGN. DVX. ETRURIAE. II. Son buste à droite. ℞. S. IOANNES. BATISTA. Saint Jean-Baptiste debout. Exemplaire en bronze de la piastre d'or.

Diam. 4 cent.

90. **François Ier.** FRANC. MED. MAG. DVX. ETRURIÆ. II. Buste à droite. ℞. S. IOANNES. BAPTISTA. 1575. Saint Jean-Baptiste assis. Essai en bronze du teston d'argent.

Diam. 3 cent.

91. **Christine,** veuve de Ferdinand Ier et mère de Cosme II. CHRISTIAÑA. PRINC. LOTH. MAG. DVX. HETRVR. Son buste à droite. Sans revers.

Diam. 10 cent.

92. **Cosme II de Médicis**. COSMVS. II. MAGN. DVX. ETRVRIÆ. IIII. Buste à droite. Sans revers. Sous le buste : G. D. F., 1613 (G. Dupré fecit).

Diam. 9 cent.

93. **Marie-Madeleine**. MAR. MAGDALENAE. ARCH. AUSTR. MAGN. D. ETR. Son buste avec une grande collerette à gauche; dessous, G. D. F. 1613. (G. Dupré.)

Diam. 10 cent.

94. **François de Médicis**. D. PRINCEPS. FRANCISCVS. MEDICES. Son buste cuirassé à droite. Sans revers. Sous le buste, G. D F. 1613.

Diam. 10 cent.

95. **Ferdinand II de Médicis**. FERDINANDVS. II. MAGN. DVX. ETRVR. V. Son buste à droite. ℞. PREMIA. VIRTVTIS. Un sceptre traversant une couronne entourée des boules des Médicis.

Diam. 4 cent.

RIMINI

96. **Sigismond Malatesta**, 1429-1468. SIGISMVNDVS. PANDVLFVS. MALATESTA. PAN. F. Buste à gauche. ℞. CASTELLVM SIGISMVNDVM. ARIMINENSE. M. CCCC. XLVI. Château de Rimini. (Médaille de Matheo de Pastis.)

Diam. 9 cent.

97. *Le même*. SIGISMVNDVS. P. D. MALATESTIS. S. R. ECL. C. GENERALIS. Buste à gauche. ℞. M. CCCC. XLVI. Écusson surmonté d'un heaulme.

Diam. 5 cent.

98. *Le même*. SIGISMVNDVS. PANDVLFVS. MALATESTA. PAN. F. Buste

à gauche. ℟. PRAEC. ARIMINI. TEMPLVM. AN. GRATIAE. V. F. M. CCCC. L. La belle façade de l'église de Saint-François à Rimini. (Matteo de Pastis.)

Diam. 4 cent.

99. Médaille semblable.

Diam. 4 cent.

100. **Isotte de Rimini**. D. ISOTTAE. ARIMINENSI. Buste à droite avec une longue coiffure pendante. ℟. M. CCCC. XLVI. Éléphant.

Diam. 9 cent.

101. *La même*. ISOTE. ARIMINENSI. FORMA. ET. VIRTVTE. ITALIE. DECORI. Buste à droite, la tête voilée. ℟. OPVS. MATHEI. DE. PASTIS. M. CCCC. XLVI. Éléphant.

Diam. 9 cent.

102. *La même*. ISOTE. ARIMINENSI. FORMA. ET. VIRTVTE. ITALIE. DECOR. Buste à droite, tête voilée. ℟. M. CCCC. XLVI. Génie ailé portant une couronne.

Diam. 4 cent.

CESENE

103. **Malatesta**. MALATESTA. NOVELLVS. CESENAE. DOMINVS. DUX. EQVITVM. PRAESTANS. Buste à gauche. ℟. OPVS. PISANI. PICTORIS. Malateste à genoux au pied d'une croix; à côté, son cheval.

Diam. 9 cent.

BOLOGNE

104. **Jean Bentivoglio**, 1440-1508. IO. BENT. II. HANIB. FILIVS. EQUES. AC. COMES. PATRIÆ. PRINCEPS. AC. LIBER-

TATIS. COLVMEN. Son buste cuirassé à droite et coiffé d'un bonnet. ℟. OPVS. SPERANDEI. Le prince sur un cheval caparaçonné allant à gauche, suivi d'un soldat également à cheval et tenant une lance.

Diam. ~~10 cent.~~

105. *Le même.* IOANNES. BENTIVOLUS. II. BONONIENSIS. Buste à droite. ℟. MAXIMILIANI. IMPERATORIS. MVNVS. MCCCCLXXXIIII, en six lignes dans le champ. (Œuvre de François Raibolini; vulg., Francia.)

Diam. 3 cent.

106. Même médaille en bronze doré.

107. **Charles Grati.** CAROLVS GRATVS. MILES. ET. COMES. BONONIENSIS. Son buste cuirassé à gauche, coiffé d'un bonnet. ℟. RECORDATVS MISERICORDIAE. SVAE. OPVS. SPERANDEI. Le prince, descendu de cheval, est agenouillé devant une croix; de ses lèvres sort le mot SALVE. Un soldat cuirassé l'attend sur son cheval.

Diam. ~~12 cent.~~

108. **Galéas Marescotti.** GALEASIVS. MARESCOTVS. DECALVIS. BONONIEN. EQVES. AC. SENATOR. OPTIMVS. Son buste à droite. ℟. OPUS SPERANDEI. Personnage assis à terre, tenant un livre dans sa main droite; à côté de lui sont ses armes.

Diam. 11 cent.

109 **Marescotti.** D. GALEAS. MARESCOT. VIR. PATRICI. INSIGNIS. EQVESTRIS. ORDINIS. Buste à droite. ℟. LOIALMENT. SEIIS. DOFIER. Dans une couronne une colonne se brise par le milieu; à côté on lit MAI. PIV. A l'exergue, ANTONIVS. MARESCOTI. F.

Diam. 10 cent.

110. **Pepoli.** GVIDO. PEPVLVS. BONONIENSIS. COMES. Buste à droite. ℟. SIC. DOCVI. REGNARE. TYRANNVM. Un roi et un personnage nu jouant aux échecs. A l'exergue, OPVS. SPERANDEI.

Diam. 9 cent.

111. **Averoldus.** ALTOBELLVS. AVEROLDVS. EPIS. POLEN. BOLON. ETC. TER. GVBERNATOR. Buste à droite avec la barette. ℟. MATURA. CELEBRITAS. Averoldus, assis, reçoit d'un personnage debout devant lui un mors et des éperons; deux autres personnages debout sont à ses côtés.

Diam. 7 cent.

FERRARE

112. **Nicolas d'Este.** NICOLAI. MARCHIO. ESTENSIS. Buste à droite. ℟. Sans légende ; écusson dans une couronne.

Diam. 6 cent.

113. **Hercule d'Este**, 1471-1505. HERCVLES. DVX. FERARIE. MVTINE. ET. REGII. Buste à gauche. ℟. GADES. HERCVLIS. Figure nue tenant un bouclier et une lance, au pied des colonnes d'Hercule. A l'exergue, OPVS. CORADINI. M.

Diam. 6 cent.

114. **Lucrèce Borgia**, femme d'Alphonse Ier. LVCRETIA. ESTN. DE. BORGIA. D. Buste à droite, les cheveux longs pendent sur le col. Sans revers.

Diam. 6 cent.

115. **Alfonse d'Este.** ALFONSVS. DVX. FERR. III. Buste à gauche. ℟. EX. HOC. BEATAM. ME. DICENT. Cavalier couronnant une femme à genoux.

Diam. 3 cent.

116. **Louis d'Este**. ALOYSIVS ESTENSIS. M. D. L. X. Buste à droite ; sous le buste, 1560. Sans revers. Médaille de Pastorino de Siene.

Diam. 17 cent.

117. **Julie de la Rovere**. IVLIA. FELTRI. DE. RVERE. ESTEN. Buste à droite, dessous P. Sans revers. *Du même.*

Diam. 6 cent.

118. **Hippolyte d'Este**. HIPPOLITVS. ESTENSIS. CARD. FERRAR. Buste à droite. ℟. MVNITA. GVTTVR. CANES. CONTEMNIT. Jeune homme assis, met un collier à un chien. Sous le buste D. P. (Domenico Poggi.)

Diam. 5 cent.

119. **Éléonore d'Este**. ELEONORA. ESTENSIS. A. A. XV. Buste à droite. Sans revers. Médaille de Pastorino.

Diam. 5 cent.

120. **Louis d'Este**. ALOYSIVS. ESTENSIS. Buste à gauche. ℟. IACOBVS. HANNIBAL. COMES. IN. ALTAEMPS. Son buste à droite. *Du même.*

Diam. 4 cent.

MANTOUE

121. **Louis de Gonzague**. LVDOVICVS. DE. GONZAGA. MARCHIO. MANTVAE. ET. CET. CAPITANEVS. ARMIGERORVM. Buste à gauche. ℟. OPVS. PISANI. PICTORIS. Cavalier entre le soleil et une fleur de tournesol.

Diam. 10 cent.

122. **Cécile de Gonzague**. CICILIA. VIRGO. FILIA. IOHANNIS. FRANCISCI. PRIMI. MARCHIONIS. MANTVE. Buste à gauche. ℟. Jeune fille demi-nue assise, à ses pieds une

licorne couchée ; on lit sur un cippe, OPVS. PISANI. PICTORIS. M.CCCC.XLVII.

Diam. 8 cent.

123. **Frédéric de Gonzague.** FREDERICVS. DVX. MANT. ET. MAR. MONT. F. Buste à gauche. ℟. HIC. EST. VICTORIA. MVNDI. Deux femmes au pied de la croix ; au bas un cadavre, etc.

Diam. 3 cent.

124. **Clara de Gonzague.** CLARA. DE. GONZ. COMITI. MONTEPENSERII. ET. DELPHINA. ALVIE. Buste à droite, sans revers.

Diam. 6 cent.

125. **François de Gonzague.** D. FRANCISCVS. GON. D. FRED. III. M. MANTVE. F. SPES. PVB. SALVSQ. P. REDIVI. Buste à gauche. ℟. ADOLESCENTIAE. AVGVSTAE. Figure debout entre le feu et l'eau, tenant une lance et une corbeille, sur laquelle est écrit : CAVTIVS; sur la base MELIOLVS. DICAVIT. (Meliolus.)

Diam. 7 cent.

126. **François de Gonzague.** FRANCISCVS. MAR. MANTVE. IIII. Buste à gauche. ℟. DIVINVM. DARE. HVMANVM. ACCIP. Le prince, debout, fait des largesses à trois personnages ; à l'exergue, LIBERALITAS.

Diam. 4 cent.

127. **Jean-François de Gonzague.** IOANNES. FRANCISCVS. GONZ. Buste à gauche. ℟. DIVA. ANTONIA. BAVTIA. DE. GONZ. MAR. Buste à droite.

Diam. 4 cent.

128. **Bautia.** DIVA. ANTONIA. BAVTIA. DE. GONZ. MAR. Buste de Bautia à droite. ℟. SVPEREST. SPES. L'Espérance

dans un navire traîné par deux chevaux ailés; à gauche, un Amour vole au-dessus des chevaux.

129. **Marguerite de Mantoue**. MARGARITA. DVCISSA. MANTVE. Buste à droite; dessous, 1561, F. Sans revers. Médaille de Pastorino.

Diam. 7 cent.

130. **Charles Ier, de Mantoue**. CAROLVS. I. D. G. DVX. MAN. T. ME. F. ET. G. Buste à droite; sous le buste, G. MORONI 1528. ℟. NEC. DEVIO. NEC. RETROGRADIOR. Le Soleil, entouré des signes du zodiaque et d'étoiles, éclaire le globe terrestre.

Diam. 5 cent.

131. **Ferdinand de Gonzague.** FERDIN. D. G. DVX. MANT. VI. ET. M. FER. IIII. Buste avec collerette à gauche. ℟. NON. MVTVATA. LVCE. Le Soleil avec ses rayons occupant tout le champ de cette médaille ovale.

Haut. 5 cent.

FORLI

132. **Catherine Sforce**. CATHARINA. SF. DE. RIARIO. FOR. LIVII. IMOLAE. Son buste à gauche.

Diam. 8 cent.

133. **Octave Sforce**. OCTAVIANVS. SF. DE. RIARIO. FOR LIVII. IMOLAE. Buste à gauche. ℟. Octave Sforce à cheval, à gauche, tenant une épée.

Diam. 8 cent.

PESARO

134. **Constance Sforce**. CONSTANTIVS. SFORTIA. DE. ARAGONIA. DI. ALEXAND. SFOR. FIL. PISAVRIENS. PRINCEPS.

ÆTATIS. AN. XXVI. Buste à gauche. ℟. INEXPVGNABILE. CASTELLVM. PRAESTANTIVM. PISAVRENSE. SALVTI. PVBLICAE. M. CCCC. LXXV. Vue du château; dessous le champ on lit : IO. FR. PARMEN. (Jean-François Enzola).

Diam. 8 cent.

CARAVAGE

135. **Faustine Sforce**. FAVSTINA. SFORTIA. MARCH. CARAVAGI. Son buste voilé à droite. ℟. MORI. POTIVS. QVAM. FOEDARI. Un chien poursuivant un renard dans la campagne; dans le lointain un château.

Diam. 8 cent.

PERSONNAGES ILLUSTRES ITALIENS

136. **J. Aloisius**. IOHANNES. ALOISIVS. TVSCANVS. ADVOCATVS. Buste à gauche avec un bonnet. ℟. INCERTVM. JVRISCONSVLTVS. ORATOR. AN. POETA. PRAESTANTIOR. Dans une couronne de laurier.

Diam. 8 cent.

137. **Pierre Arétin.** DIVVS. PETRVS. ARETINVS. Buste à gauche avec une longue barbe. ℟. VERITAS. ODIVM. PARIT. La Vérité, assise, est couronnée par un génie; à ses pieds, un satyre accroupi.

Diam. 6 cent.

138. *Le même.* DIVVS. P. ARRETINVS. FLAGELLVM. PRINCIPVM. Buste à gauche. ℟. VERITAS. ODIVM. PARIT. Dans une couronne.

Diam. 4 cent.

139. **Arioste**. LVDOVICVS. ARIOST. POET. Buste lauré à gauche. ℟. PRO. BONO. MALVM. Du feu sous une ruche; au dessus, des abeilles volant.

Diam. 4 cent.

140. **Aquaviva**. LVCIA. AQVAVIVA. Buste à gauche avec une haute collerette. Sans revers.

Diam. 7 cent.

141. **Asinarius**. FEDERICVS. ASINARIVS. CO. CAMERANI. Buste cuirassé à droite; dans le champ, P. P. R. (Pietro Paolo Romano). ℟. VIRTVS. FRENAT. Cheval au galop.

Diam. 7 cent.

142. **Baudoin**. BALDVINVS. DE. MONTE. COMES. Son buste à gauche. ℟. MAGIS. VICI. SED. TIBI. Un cavalier perçant de sa lance un homme renversé de son cheval; dans le lointain, un arc de triomphe.

Diam. 5 cent.

143. **Bonsius**. LAELIVS.BONSIVS. Buste à droite. ℟. FERENDVM. ET. SPERANDVM. Mercure apporte un rameau à une femme assise; devant elle, une urne sur une base.

Diam. 5 cent.

144. **J. Boldu**. ΙΩΑΝΝΗΣ. Μ. ΠΩΛΑΤΟΥ. ΖΩΓΡΑΦΟΥ. ΒΕΝΑΤΙΑ. Buste nu à gauche de Jean Boldu, médailliste vénitien. ℟. OPVS. IOANIS. BOLDV. PICTORIS. VENETVS. XOSRAFI. Deux génies funèbres près d'une tête de mort. A l'exergue, M.CCCC.LVIII.

Diam. 9 cent.

145. **Buonarroti**. MICHAEL. ANGELVS. BVONARROTVS. FLOR. AETS. ANN. 88. Buste à droite; dessous, LEO. ℟. DOCEBO. INIQVOS. V. T. ET. IMPII. AD. TE. CONVER. Un aveugle conduit par son chien. Méd. de Leone Lioni.

Diam. ~~7 cent.~~

146. **Buondelmonte.** CHAMILLA. BVONDELMONTI. DONA. DI. GIANOZO. SALVIATI. Son buste à droite. ℟. ISPERO. IN. DEO. Femme debout en adoration ; au dessus, le soleil. (Sperandei?)

Diam. 9 cent.

147. **Castaldi.** IO. BA. CAS. CAR. V. CAES. FER. RO. REG. ET. BOE. RE. EXERCITV. DVX. Buste à gauche. ℟. CAPTIS. SVBAC. FUSIS. Q. REG. NAVAR. DACIAE. ET. OLYMP. PERSA. TVRC. DVCE. Deux personnages couronnés présentant un sceptre à une femme; derrière elle, un personnage coiffé d'un turban.

Diam. 5 cent.

148. **Leonora Cambi.** LEONORAE CAMB. VXORIS. Buste de Léonora à droite; dessous le buste, BOM. Sans revers.

Diam. 7 cent.

149. Même médaille.

150. **Canaccius.** IOANNES. CANACCIVS. Buste à gauche. ℟. Dans le champ on lit MARCET. SINE. ADVERSARIO. VIRTUS, en cinq lignes.

Diam. 7 cent.

151. **Candidus.** P. CANDIDVS. STVDIORVM. HVMANITATIS. DECVS. Son buste à droite. ℟. OPVS PISANI. PICTORIS. Un livre ouvert avec des sinets à différentes pages.

Diam. 8 cent.

152. **Cardan.** HIER. CARDANVS. AETATIS. AN. XLVIIII. Son buste à droite. ℟. Hommes et femmes cueillant du raisin. A l'exergue, ΟΝΕΙΡΟΝ.

Diam. 6 cent.

153. **Cardan.** HIER. CARDANVS AETATIS. AN. XLIII. Buste à gauche coiffé d'un bonnet. ℟. Même sujet que la pré-

cédente, mais traité différemment. A l'exergue, ONEIPON.

Diam. 5 cent.

154. **Carrafa.** ANDREAS. CARRAFA. S. SEVERINAE. COMES. Buste casqué à gauche. ℞. Femme assise tenant un serpent d'une main et la tête de Janus de l'autre. A l'exergue, NIL. ABEST.

Diam. 4 cent.

155. **Carrafa.** ANDREAS. CARRAFA. SANTE. SEVERINE. COMES. Buste casqué à droite. ℞. VIRTVS. CONTERET. CONTRARIA. Écusson entre une balance romaine et une presse à vis.

Diam. 7 cent.

156. **Cornelius.** HIER. CORNELIVS. Buste avec une longue barbe à droite. ℞. PAVPERTATIS. PATAVINAE. TVTOR. Cornélius assis sur une estrade fait l'aumône à des pauvres; sur la base de l'estrade on lit DEO. OPT. FAV. A l'exergue, M. D. XXXX. (Padouan.)

Diam. 4 cent.

157. **Croto.** MARCVS. CROTO. Buste à droite. ℞. VICTORIAE. AGVSTE. Cavalier au galop traversant des armes. A l'exergue, S. C.

Diam. 6 cent.

158. **Jean Emo.** IOANNES. AEMO. VENET. VERONAE. PRAETOR. Buste à gauche. ℞. ET. PACI. ET. BELLO. M. C. XXVII. Minerve debout porte la main à un olivier; à côté, Mars debout, appuyé sur un cheval, tient une lance et un bouclier. A l'exergue, IO. MARIA. POMEDELLVS. VERONENSIS.

Diam. 5 cent.

159. **Florian Dolfi.** FLORIANVS. DVLPHVS. BONONIENSIS. DI-

VINI ET HVMANI. IVRIS. CONSVLTISSIMVS. Son buste à droite. ℟. VIRTVTE. SVPERA. OPVS. SPERANDEI. Personnage à deux faces, nu, assis, tenant une massue dans la main droite ; ses pieds reposent sur un lion couché ; dans le champ, deux aigles volant.

Diam. 8 cent.

160. **Euphrasie de Plaisance**. DIVA. EVFRASIA. PLAC. Buste à droite. ℟. Statue de Vénus Victrix dans un temple octostyle ; à ses pieds deux Amours.

Diam. 4 cent.

161. **Farnesia**. HIERONIMA. FARNESIA. D. S. VITALI. Buste à droite avec de longs cheveux dans un filet ; sous le buste, P. 1556. Sans revers. (Médaille de Pastorino de Siene.)

Diam. 7 cent.

162. **Feltre**. VICTORINVS. FELTRENSIS. SVMMVS. Buste coiffé d'un bonnet à gauche. ℟. MATHEMATICVS. ET. OMNIS. HVMANITATIS. PATER. ; en seconde ligne, OPVS PISANI. PICTORIS. Pélican se saignant pour nourrir ses petits.

Diam. 7 cent.

163. **Ciro Ferri**. CYRVS. FERRVS. PICT. ET. ARCHIT. Buste à droite ; dessous, AETATIS. 46-1650. ℟. IN. VTRAQUE. CYRVS. La Peinture et l'Architecture avec leurs attributs, debout au pied d'un cippe. A l'exergue, M. SOLDANVS. F.

Diam. 7 cent.

164. **Flamma**. MEMINISSE JVVABIT. Buste à droite ; à côté, une tête de mort. ℟. Longue inscription en vingt-cinq lignes, commençant par GABRIEL. FLAMMA VENITIIS, et

finissant par CONTEMNENDA. COMMENTARIA. ANNVM. AGIT. XLV.

Diam. 8 cent.

165. **Fonta.** PETRVS. ENRIQVEZ. COMES. FONTA. Buste à droite. ℞. GOBERNATOR. MEDIOLANI. 1607. Couronne sur un cippe entouré de deux palmes; on lit sur le cippe CETME. VICTOR. DEVS.

Diam. 5 cent.

166. **Dom. Fontana.** DOMINICVS. FONTANA. AMELINO. NOVO. COMEN. AGRI. Buste à droite; dessous le buste un monogramme. ℞. CAESARIS. OBELISCVM. MIRAE. MAGNIT. ASPORTAVIT. ATQUE. IN. FOR. DE. PETRI. FELICITER. EREXIT. AN. D. MDLXXXVI. Obélisque de l'église de Saint-Pierre.

Diam. 4 cent.

167. **Franceschina.** FRANCESCHINA. SVA. CONSORTE. Son buste à gauche. Sans revers.

Diam. 8 cent.

168. **Ferdinand de Gonzague.** FER. GONZ. PRAEF. GAL. CISAL. TRIB. MAX. LEGG. CAROLI. V. CAES. AVG. Buste cuirassé à gauche. Sans revers.

169. **Capua.** ISABELLA. CAPVA. PRINC. MALFICT. FERDIN. GONZ. VXOR. Son buste à droite; dessous, IAC. TREZO. ℞. CASTE. ET. SVPPLICITER. Femme sacrifiant près d'un autel. (Jacques Trezzo.)

Diam. 7 cent.

170. Même tête sans revers.

171. **Gonzague.** HIPPOLITA. GONZAGA. FERDINANDI. FIL. AET. AN. XV. Son buste à gauche. ℞. NEC. TEMPVS. NEC. AETAS.

Femme debout au milieu d'instruments de musique et d'astronomie.

Diam. 7 cent.

172. *La même.* HIPPOLYTA. GONZAGA. FERDINANDI. FIL. AN. XVI. Buste à gauche. Dans le champ, ΛΕΩΝ. ΑΡΗΤΙΝΟΣ. ℞. PAR. VBIQVE. POTESTAS. Diane chasseresse accompagnée de trois chiens. (Médaille de Leone Lioni d'Arezzo.)

Diam. 7 cent.

173. *Le même.* HIPPOLITA. GONZAGA. FERDINANDI. FIL. AN. XVII. Buste à gauche; dessous, IAC. TREZ. ℞. VIRTVTIS. FORMAE. Q. PRAEVIA. L'Aurore dans un char traîné par un cheval ailé. (Jacques Trezzo.)

Diam. 7 cent.

174. Revers de la même médaille.

175. Buste d'Hippolyte Gonzague; médaille ovale et bombée. On aperçoit encore des traces du revers de l'Aurore.

Diam. 7 cent.

176. **Jordan II.** PAVL. IORD. II. D. G. ANG. C. BRACC. DVX. SRI. P. 1621. ℞. PLVMB. P. INSVLARVM. ILVAE. PLAN. ET. ART. D. Dans le champ une plaque sur laquelle on lit : RELVCTANTE. FORTVNA. CORONATA. VIRTVS. ILLVSTRIOR.

Diam. 4 cent.

177. *Le même.* PAVL. IORD. II. BRACC. DVX. PLVMB. P. Son buste à gauche. ℞. D. C. ANG. M. COM. C. V. O. R. DOM. S. R. I. PRINC. La Fortune avec sa roue dans le champ, ET. SINE. TE. 1635.

178. **Lipp.** GABRIEL. LIPP. Buste à droite; dessous, S.

Diam. 6 cent.

179. **Lomazzo**. IO. PAVLVS. LOMATIVS. PIC. Buste nu à gauche. VTRIVS.QVE. Mercure entre Vénus et un personnage se courbant. Méd. d'Annibal Fontana.

Diam. 5 cent.

180. **Maffei**. RAPHAEL. MAFFEVS. VOLATERR. SCRIPT. APOS. Buste avec un bonnet à gauche. ℟. SIC. ITVR. AD. ASTRA. Maffei reçu par une femme voilée, probablement la religion.

Diam. 8 cent.

181. **Maggi**. VICEN. MAGGIVS. THEODI. CONSTI. TER. EIVS. QVI. P. N. P. Son buste à gauche. ℟. DEI. NON. EST. VOLENTIS. NEQVE. CVRRENTIS. SED. MISERENTIS. Un vaisseau sur la mer, conduit par un marin, un génie est au gouvernail.

Diam. 4 cent.

182. **Marini**. IO. BAP. MARINVS. Son buste à gauche. ℟. HIC. NIHIL. EXPECTES. dans le champ.

Diam. 4 cent.

183. **Martinengo**. IVLIVS. MARTINENGVS. REG. Buste cuirassé à droite, sans revers.

Diam. 6 cent.

184. **Martius**. GALEOTIVS. MARTIVS. POETA. CLAR. MATHEMATICVS. ET. ORATOR. Son buste couronné à gauche. ℟. NASCENTES. MORIMVR. FINIS. Q. AB. ORIGINE. PENDET. Une bibliothèque avec des livres. Autour l'inscription, SVPERATA. TELLVS. SIDERAT. DONAT.

Diam. 9 cent.

185. **Moncenigo**. THOMAS. MOCENICO. Buste à gauche. ℟. VIRTVTE. DVCE. ET. COMITE. FORTVNA. La Vérité, la Fortune, la Valeur, auprès d'un puits.

Diam. 4 cent.

186. **Mendoza.** INICVS. LOPEZ. MENDOCIA. MARC. MONDE. Buste cuirassé à droite ; dessous, IO. V. MILON. F. 1577. ℟. Un combat sur un pont brisé.

Diam. 5 cent.

187. **Gracia Nasi.** Légende hébraïque qui se traduit par *Gracia Nasi.* A. AE.XVIII. Sous le buste P. initiale de l'artiste Pastorino de Siene. Sans revers. (Voir *Rev. numis.*, 1858.)

Diam. 7 cent.

188. **Odescalchi.** LIVIVS. ODESCALCVS. INN. XI. NEP. Buste à droite; dessous, 1677. I. H. F. ℟. INTRINSEQVS. LATET. Grenade. (Jean Hamerani.)

Diam. 3 cent.

189. **Jeanne Odescalchi.** IOANNA. SOROR. CARISS. Buste à gauche. ℟. IVLIVS. ODESCALCVS. INN. XI. NEP. Son buste à droite ; dessous, 1677. (Jean Hamerani.)

Diam. 3 cent.

190. **Orsini.** NIC. VRS. PET. ET. NOL. COMES. SANTE. ROM. ECCLE. ARMOR. CAP. Buste à gauche. ℟. NIC. VRS. PETILIANI. ET. NOLAE. COMES. REIP. FLOR. CAP. Le comte, à cheval, avec son bâton de commandement, est suivi par deux soldats à pied.

Diam. 5 cent.

191. Même médaille.

192. **Pallavicini.** P. FRAN. PALLAVICINVS. EPS. ALERIAE. DESIGN. Buste à droite. ℟. SERVABO. Un berger avec son troupeau ; à côté de lui une femme tenant une couronne et une palme.

Diam. 6 cent.

193. **Palomares.** IOHANNES. PALOMAR. REGIVS. ORATOR. Buste

à droite. ℞. Monogramme composé de I. D. dans une couronne.

Diam. 5 cent.

194. **Panciatici.** BARTHOLOMAEVS. PANCIATI. CIVIS. FLORENTI. Buste coiffé d'un bonnet à droite. ℞. HANC. CAPELLA. FVNDAVIT. ANO. DNI. MD. XVII. Éccusson dans le champ, L. X.

Diam. 5 cent.

195. **Pandulfus.** PANDVLFVS.. IN ANO. I. ÆTATIS. SVAE. XXVIII. Buste à gauche. ℞. OTIVM. RERVM. VICISSITVDO. Tête de mort entre deux croix encadrées.

Diam. 8 cent.

196. **Pendalea.** POMP. PENDALEA. ANN. NACTVS. LXXIII. M. D. LX. Dessous, P. (Pastorino.)

Diam. 8 cent.

197. **Panicus.** HIERONYMVS. PANICVS. PAT. POMPEIVS. LVDOVISIVS. BON. Deux bustes accolés. ℞. BENEVOLENTIAE. DVLCIS. GENIO. Génie debout sacrifiant devant un autel, tenant un dauphin de la main droite. (Padouan.)

Diam. 4 cent.

198. **Peretti.** CAMILLA. PERETTA. SIXTI. V. P. M. SOROR. Son buste voilé à droite; sous le buste, D. P. ℞. SANTA. LVCIA. AN. D. M. D. LXXXX. Église de Sainte-Lucie. (Domenico Poggini.)

Diam. 5 cent.

199. **Victor Pisano.** PISANVS. PICTOR. Son buste coiffé d'un bonnet à gauche. ℞. F. S. K. I. P. F. T. V. en deux lignes dans une couronne; au bas un bouquet.

Diam. 6 cent.

200. **Albert Pio**. ALBERTVS. PIUS. DE. SABAVDIA. CARPI. COMES. Buste à droite ℟. Un autel avec du feu dans une couronne; sur l'autel on lit : VNI.
Diam. 7 cent.

201. **Pontanus**. IOANNES. IOVIANVS. PONTANVS. Buste nu à droite. ℟. VRANIA. La Muse debout avec ses attributs.
Diam. 10 cent.

202. Médaille semblable.

203. **Redi**. FRANCISCVS. REDI. PATRICIVS. ARETINVS. Buste avec de longs cheveux à droite; dessous, M. SOLD. 1684. ℟. Minerve découvrant la déesse de la santé appuyée sur un autel; derrière cet autel sort un serpent; à l'exergue (M. SOLDANVS. F.); dans le lointain un temple, sur le fronton duquel on lit : SALVTI.
Diam. 9 cent.

204. **Quirinus**. FRANC. QUIRINUS. Buste à droite. ℟. PERPETUA SOBOLES. Louve allaitant deux enfants. (Padouan).
Diam. 4 cent.

205. La même médaille sans légende du côté de la tête (Padouan).

206. **Rubeà**. LVDOVICA. FELICINA. RUBEA. Son buste à droite; dessous, 1557. P. (Pastorino.) Sans revers.
Diam. 7 cent.

207. **Sàlvatorinus**. IO. BAPTISTA. SALVATORINVS. JURECONS. Son buste à droite. ℟. Les neuf Muses; à l'exergue NYMPHAE. NOSTER. AMOR.
Diam. 6 cent.

208. **Salizin**. IOVAN. MARIA. SALIZIN. Son buste à droite; dessous, P.

Diam. 7 cent.

209. **Sacrata**. HIERONIMA. SACRATA. M. D. L. V. Son buste à droite; dessous, P. (Pastorino).

Diam. 8 cent.

210. **San Gallo**. FRANCESCO. DA SANGALLO. SCVLTORE, ARCHITETTO. FIOREN. Buste à gauche avec une longue barbe. Cette médaille, d'un haut-relief, n'a pas de revers.

Diam. 10 cent.

211. **San Gallo**. FRANCESCO. DA. SANGALLO. SCVLTORE. ET. ARCHITETTO. FIOREN. Buste à longue barbe à gauche, dans le champ et en creux M. D. L. ℟. Un chien auprès d'un terme; dans une couronne dans le champ, en trois lignes, DURABO.

Diam. 8 cent.

212. **Sarzanella**. ANTONIVS. SARZANELLA. DE. MANFREDIS. SAPIENTIAE. PATER. Buste à droite. ℟. IN. TE. CANA. FIDES. PRVDENTIA. SUMMA. REFVLGET. Femme assise tenant des épis et un bouclier; à côté un chien; dans le champ OPUS. SPERANDEI.

Diam. 7 cent.

213. **Sanctusius**. HIERONYMVS. SANCTVCIVS. VRBINAS. EPS. FOROSEMPRONIENSIS. Buste à gauche. ℟. CONSTANTIA. FIRMA. Femme nue tenant un thyrse, appuyée sur une colonne.

Diam. 9 cent.

214. **J. Sannazar**. ACTIVS. SYNCERVS. Buste nu à gauche. ℟. Sans légende. Adoration de Jésus.

Diam. 4 cent.

215. **Taddini.** GABRIEL. TADDIN. BERG. EQ. HIER. CAES. TORMEN. PRAEF. GEN. Son buste à gauche. ℟. VBI RATIO. IBI FORTVNA. P. FVCA. Quatre canons sur un même rang ; à l'exergue M. CCCCCXXXVIII.
Diam. 4 cent.

216. **Taverna.** FRAN. TABERNA. CO. LANDB. MAGN. CANC. STA. MEDIO. AN. LXI. Buste à droite, dans le champ, P. P. R. ℟. INCONSTANTIA. ET. FIDE. FELICIT. Un chien sur une base regarde une chèvre sur des nuages.

Médaille de Pietro Paolo Olivieri, dit P. P. Romano, sculpteur.
Diam. 7 cent.

217. **Thadea.** DIVA. HOC. IN. RVTILO. CELATA. EST. ERE. THADA. Buste de femme élégamment coiffé à gauche. Médaille de la première moitié du XVe siècle.
Diam. 8 cent.

218. **Thomas.** THOM. PHILOL. RAVEN. PHYS. EQ. GVARD. D. MAR. MAC. Buste avec une longue barbe ; dans le champ, 1562. ℟. GENITA. A. JOVE. ET. SORORE. Un aigle apportant un enfant à une femme nue et couchée, le champ parsemé de fleurs et d'oiseaux.
Diam. 4 cent.

219. **Trivulce.** IO. JACOBVS. TRIVVLS. MAR. VIG. FRA. MARESCALVS. Buste lauré à gauche et quatre écussons. ℟. En neuf lignes. 1499. EXPVGNATA. ALEXANDRIA. DELETO. EXERCITV. LVDOVICVM. SF. MLI. DVC. EXPELLIT. REVERSUM. APUD. NOVARIAM. STERNIT. CAPIT. Médaille carrée.
Haut. 5 cent.

220. Même médaille.

221. **Trivulce.** IO. FRAN. TRI. MAR. VIG. CO. MVSO. AC. VAL.

REN. ET. STOSA. D. Buste à droite; sous le buste AET. 39. ℞. FVI. SVM. ET. ERO. Vénus sortant de l'onde.

Diam. 6 cent.

222. **Turrianus**. IANELLVS. TVRIAN. CREMON. HOROLOG. ARCHITECT. Son buste à droite. ℞. VIRTVS. NVNC. DEFICIT. Une femme debout, tenant sur sa tête une vasque d'où sortent des eaux que paraissent recueillir une foule de personnages. (Annibal Fontana.)

Janellus Turrianus, ingénieur-mécanicien et horloger célèbre au service de Charles-Quint, est mort en Espagne.

Diam. 9 cent.

223. **Pierre Victor**. P. VICTORIVS. AET. SVAE. AN. LXXIX. Buste à gauche. ℞. OMNIA. LABOR. Une branche d'olivier.

Diam. 4 cent.

224. **Léonard de Vinci**. LEONARDVS. VINCIVS. FLORENTINVS. Son buste à gauche. ℞. SCRIBIT. QVAM. SVSCITAT. ARTEM. Une plume et un pinceau en sautoir; au dessus, une couronne.

Diam. 6 cent.

MÉDAILLONS INCONNUS OU SANS LÉGENDES

225. F. B. ET. LONGIVS. VIVAT. SERVATA. FIDE. Buste de femme à gauche. ℞. IOANNES. MARIA. POMEDELLVS. VERONENSIS. F. Un homme se relevant avec une charge de fruits sur les épaules; derrière lui un génie ailé sur une boule, sur laquelle on lit: A. S. O.

Médaille de J. M. Pomedello, de Vérone.

Diam. 6 cent.

226. SIC. ILLE. CENAS. OCVLOS. SIC. ORA. FEREBAT. AETATIS. XXVIII. Buste à droite avec un bonnet, et un manteau.

Diam. 8 cent.

227. Très-grand médaillon. Tête d'un poëte, laurée, à droite; le champ est couvert d'inscriptions hébraïques. Dessous la tête VMILITAS. ΤΑΠΕΙΝΩΣΙΣ. Sans revers.

Diam. 17 cent.

228. Buste de femme coiffée en cheveux, robe avec collerette et ceinture serrée à la taille, le tout dans une couronnede laurier. ℞. Écusson, deux Amours servent de supports. Médaillon ovale.

Haut. 6 cent.

229. Buste de femme à droite, les cheveux relevés sur le haut de la tête. Sans revers, XVe siècle.

Haut. 5 cent.

230. Tête de femme à gauche, les cheveux sur le haut de la tête et retenus par un petit bonnet.

Haut. 7 cent.

231. Buste viril barbu à gauche, coiffé d'un bonnet, sur les épaules un manteau. Ovale.

Diam. 7 cent.

232. Revers d'une médaille de Niccolo Piccinino. N. PICINVS. BRACCIVS. Deux enfants allaités par un griffon (le griffon est l'arme de Pérouse, sa patrie). A l'exergue PISANI OPUS.

Diam. 9 cent.

RESTITUTIONS DE MÉDAILLES ANTIQUES

FAITES AU XVe SIÈCLE

233. **Jules César**. CAESAR. IMPERATOR. PONT. PPP. ET. SEMPER. AVGVSTUS. VIR. Buste de Jules César à droite. ℟. CONCORDIA. AUG. S. C. L'empereur, tenant un caducée, donne la main à la Concorde, tenant une corne d'abondance ; sur la base on lit : CHRISOPHORVS. HIERIMIAE. F.
Médaillon de Geremia de Crémone.
Diam. 8 cent.

234. **Trajan**. IMP. CAES. TRAIANO. PRI. AVG. GERM. DACICO. COS. VI. PP. Buste de l'empereur cuirassé et lauré à droite. ℟. OPTIMO. PRINCIPI. AVG. S. C. L'empereur, sur un char traîné par quatre éléphants, est précédé par quatre soldats, dont l'un tient un enseigne et l'autre une aigle romaine.
Diam. 12 cent.

235. **Faustine jeune**. DIVA. FAGVSTA. DIVAE. FAGVSTIN. Buste de l'impératrice à droite. ℟. DIVA. FAGVSTINA. DIVO. ANTONIN. S. C. Faustine et Antonin assis en face l'un de l'autre et se donnant la main.
Diam. 12 cent.

236. **Caracalla** (enfant). ANTONINVS. PIVS. AVGVSTVS. Buste lauré à gauche. ℟. IO. SON. FINE. Deux enfants pleurant auprès d'une tête de mort. A l'exergue, M. CCCC. LXVI.
Diam. 9 cent.

237. Une fonte du XVIe siècle, d'un seul jet, et représentant

douze médailles romaines en grands et moyens bronzes, avers et revers; plus dans le milieu, trois bas-reliefs d'après des pierres gravées antiques.

238. **Caracalla.** ℞. quadrige. Beau médaillon padouan en argent.

239. **Marc-Aurèle.** ℞. Victoire tenant un bouclier sur lequel est écrit VIC. AVG. Beau médaillon padouan en argent.

240. **Agrippine.** ℞. S. P. Q. R. MEMORIAE. AGRIPPINAE. Carpentum traîné par deux mules. Beau grand bronze, Padouan, frappé en argent.

MÉDAILLES FRANÇAISES

241. **Charles VIII.** CAROLVS. VIII. REX. FRANCOR. Buste du roi à gauche, avec une couronne et de longs cheveux. ℞. PROVINCIARVM. PACATOR. Hercule nu terrassant un lion.

Diam. 6 cent.

242. **Louis XII.** FELICE. LVDOVICO. REGATE. DVODECIMO. CESARE. ALTERO. GAVDET. OMNIS. NACIO. Buste du roi à droite avec un bonnet et le diadème; le champ est parsemé de lis; à l'exergue, un lion. ℞. LVGDVN. REPVBLICA. GAVDETE. BIS. ANNA. REGNANTE. BENIGNE. SIC. FVI. CONFLATA. 1499. Buste d'Anne de Bretagne à gauche avec un voile et une couronne; le champ parsemé de lis et de l'autre d'hermines; à l'exergue, un lion.

Diam. 11 cent.

243. **François Ier**, comme comte d'Angoulême. FRANCOIS. DVC. DE. VALOIS. COMTE. DANGOLESME. AV. X. AN. D. S. EA. Buste à droite avec un bonnet et de longs cheveux. ℟. NOTRISCO. AL. BVONO. STINGO. EL. REO. M.CCCCC.IIII. Une salamandre.

Diam. 7 cent.

244. **François Ier**. FRANCIS. RX. FRANCOR. PMVS. DOMITOR. ELVETIOR. Buste casqué et cuirassé à droite. ℟. DEO. FAVENTE. ET. IMPERATORIS. VIRTVTE. Un trophée d'armes.

Diam. 5 cent.

245. **François Ier**. FRANCISCVS. I. FRANCORVM. REX. Buste lauré à gauche du roi en empereur romain. ℟. HENRICVS. II. FRANCOR. REX. INVICTISS. P. P. Le roi Henri II à cheval, tenant une masse d'armes et la main sur son épée.

Diam. 11 cent.

246. **François Ier**. FRANCISCVS. I. FRANCORVM. REX. Buste lauré du roi; devant lui un sceptre. Sans revers. Médaille de Benv. Cellini.

Diam. 4 cent.

247. **François I**. FR. HEN. ET. FR. FRANC. Bustes accolés de François Ier, Henri II et François II à gauche. ℟. CAR. EM. PHILIB. E. MARG. DE. FRAN. DVCES. SABAVD. Bustes accolés de Charles-Emmanuel, Philibert et Marguerite de France à gauche. Médaille très-rare, dans le style de Benv. Cellini.

Diam. 4 cent.

248. **Henri II.** HENRICVS. II. FRANCORVM. REX. Son buste à gauche. ℟. ΘΕΟΣ. ΑΓΟ. ΜΗΧΑΝΗΣ. Persée venant délivrer Andromède.

Diam. 5 cent.

249. **Henri II.** HENRICVS. II. FRANCOR. REX. INVICTISS. P. P. Buste lauré et cuirassé du roi à droite. ℞. TE. COPIA. LAVRO. ET. FAMA. BEARVNT. La Renommée dans un char conduisant la Victoire et l'Abondance; à l'exergue, NVIA.

Diam. 5 cent.

250. **Henri II.** HENRICVS. II. GALLIARVM. REX. INVICTISS. P. P. Buste lauré et cuirassé à droite. ℞. OB. RES. IN. ITAL. GERM. ET. GALL. FORTITER. AC. FOELIC. GESTAS. La Victoire et l'Abondance dans un quadrige conduit par la Renommée; à l'exergue, EX. VOTO. PVB. 1552.

Diam. 6 cent.

251. **Henri II.** HENRICVS. II. GALLIARVM. REX. INVICTISS. P. P. Buste lauré et cuirassé à droite. ℞. On lit dans une couronne de laurier : RESTITVTA. REP. SENENSI. LIBERTATIS. OBSID. MEDIOMAT. PARMA. MIRAND. SANDAMI. ET. RECEPTO. HEDINIO. ORBIS. CONSENSV. 1552; en neuf lignes.

Diam. 6 cent.

252. **François II et Marie Stuart.** Leurs bustes de chaque côté dans une couronne, formant encadrement ovale. Médaillon unique.

Haut. 5 cent.

253. **Charles IX.** CAROLVS. IX. GALLOR. REX. EORVM. FILIVS. 1560. Buste du roi à droite. ℞. HENRICVS. II. GALLOR. REX. INVICTIS. ET. CATHARINA. EJVS. VXOR. Bustes affrontés d'Henri II et de Catherine de Médicis.

Diam. 4 cent.

254. **Henri III.** HENRICVS. III. D. G. FRANCORVM. ET. POL. REX. Buste lauré et cuirassé à droite. ℞. On lit dans une couronne de lierre, en sept lignes : FOEDERE. CVM.

HELVETIIS ET. RAETHIS. RENOVATO. A l'exergue, M. D. LXXXXII. Argent.

Diam. 4 cent.

255. Médaille pour le sacre de Charles X, cardinal de Bourbon. *Épreuve* moderne.

256. **Henri IV**. HENRICVS. IIII. D. G. FRAN. ET. NAVAR. REX. 1602. Buste du roi à droite. ℟. FOEDERA. MAG. REGIS. SACRA. Une couronne posée sur deux colonnes entrelacées de lauriers et de palmiers. Ses deux colonnes reposent sur une base, sur laquelle on lit : EX. ARGENTO. FRANCIGENA. AN. FOEDERE. ET. RENO. EFFOSSO. En quatre lignes. Argent doré.

4 cent.

257. *Le même*. ALCIDES. HIC. NOVVS. ORBI. Buste à droite d'Henri IV, coiffé de la peau du lion; sous le buste, 1602. ℟. OPPORTVNIVS. Hercule tuant le centaure avec sa massue; de l'autre main il tient la couronne. Argent.

Diam 5 cent.

258. Même médaille en bronze.

259. Même médaille.

260. **Henri IV**. HENRICVS. IIII. D. G. FRANCORVM. ET. NAVARRAE. REX. PAT. RELIG. ET. LIBE. RESTAV. Buste d'Henri IV à droite; dessous, L. GENTI. LIS. F. ℟. DEVS. DEDIT. ET. DABIT. VTI. 1600. Une main tenant trois épées; au dessous, un écusson.

Diam. 5 cent.

261. **Henri IV**. HENRICVS. IIII. D. G. FRANC. ET. NAVAR. REX. 1604. Buste lauré à droite. ℟. MAJESTAS. MAJOR. AB. IGNE. 1604. Henri IV et sa femme assis se donnant la

main, au-dessus d'un autel avec du feu, le soleil éclairant la scène; la reine tient une corne d'abondance et le roi le sceptre.

Diam. 6 cent.

262. **Henri IV**. HENRICVS. IIII. FRANCOR. ET. NAVAR. REX. 1593. Buste lauré à gauche. ℟. IVS. DEDIT. ET. DABIT. VTI. Deux épées en sautoir entourées de rameaux et terminées par une couronne; au dessus, une épée couronnée.

Diam. 4 cent.

263. **Henri IV et Marie de Médicis**. HENR. IIII. R. CHRIST. MARIA. AVGVSTA. Leurs deux têtes accolées; dessous, 1603. G. DVPRE. F. ℟. PROPAGO. IMPERI. 1603. Henri IV et sa femme debout se donnant la main; au dessous, un aigle apportant une couronne; au milieu le Dauphin se coiffant du casque d'Henri IV. Belle médaille en bronze doré.

Diam. 8 cent.

264. Même médaille.

265. **Marie de Médicis**. MARIA. AVG. GALL. ET. NAVAR. REGIN. Buste à droite avec une grande collerette. ℟. CRESCVNT. DVM. FLORENT. Écusson ovale surmonté d'une couronne, armes mi-parties France et Médicis; le tout entouré d'une cordelière. Revers rare.

Diam. 6 cent.

266. **Marie de Médicis**. MARIA. MEDICEA. FRAN. ET. NAVARR. R. REGENS. Buste à droite. ℟. CVNCTORVM. VOTIS. CLERIQ. EQUITUM. Q. PATRVMQVE. La France couchée, tenant son écusson; à son côté, un évêque, un jésuite et un chevalier. A l'exergue, GALLIA. STABILITA. 1614.

Diam. 5 cent.

267. **Louis XIII**. LVDOVIC. XIII, D. G. REX. CHR. GAL. ET. NAVAR. HENR. MAGN. FIL. D. F. AVG. Buste avec une collerette à droite. ℟. ORIENS. AVGVSTI. TVTRICE. MINERVA. Louis XIII enfant tenant un globe; à côté de lui Minerve. Médaille ovale en bronze doré.

Haut. 6 cent.

268. **Louis XIII et Marie de Médicis**. LVDO. XIII. D. G. FR. ET. NA. REX. CHRISTIANISSIMVS. Buste à droite du jeune roi avec la couronne. ℟. MARIA. AVGVSTA. MED. FR. REG. MODERATRIX. Marie de Médicis avec une couronne à gauche. Argent doré.

Diam. 5 cent.

269. **Louis XIII**. LUD. III. D. G. FRANCORVM. ET. NAVARRAE. REX. Son buste lauré à droite. ℟. POSCEBANT. HANC. FATA. MANVM. 1624. Façade du Louvre.

Diam. 4 cent.

270. **Louis XIII**. LUDOVICUS. XIII. D. G. FRAN. ET. NAVAR. REX. Buste lauré du roi à gauche. ℟. ALITER. NON VIRIBVS. VLLIS. Une clef pendue à deux masses en sautoir

Diam. 5 cent.

271. **Louis XIII**. LVDOVICVS. XIII. D. G. FRANCORVM. ET. NAVARRAE. REX. Buste à gauche du roi lauré et en empereur romain.

Diam. ~~8 cent.~~ 72

272. **Louis XIII**. LVDOVICVS. XIII. D. G. FRANCORVM. ET. NAVA. REX. Buste à droite du roi drapé et cuirassé. Sans revers.

Diam. 7 cent.

273. **Louis XIII**. LVDOVIC. XIII. D. G. FRANCOR. ET NAVARRAE. REX. Buste à droite du roi avec une collerette. ℟. ANNA.

AVGVSTA. GALLIAE. ET. NAVARRAE. REGINA. Buste à droite de la reine avec une grande collerette; dessous, G. DVPRÉ. F. 1620.

Diam. 7 cent.

274. **Louis XIII.** LVDOVIC. XIII. D. G. FRANCOR. ET. NAVARRAE. REX. Buste à droite du roi. ℞. VT. GENTES. TOLLAT. QVE. PREMAT. QVE. 1623. La Justice assise, tenant un glaive et une balance. (G. Dupré f., 1623.)

Diam. 8 cent.

275. Même médaille en argent doré et avec belière.

276. La même médaille, mais avec la date 1626.

277. **Louis XIV.** LVDOVICVS. IIII. D. G. FR. ET. NAV. REX. Buste lauré du roi enfant à droite; dessous, WARIN. 1643. ℞. ANNA. D. G. FR. ET. NAV. REG. Son buste voilé à droite; dessous, WARIN. Médaille d'argent.

Diam. 8 cent.

278. Même médaille en bronze.

---

279. **D'Aligre.** STEPH. ALIGRE. FRAN. CANCELL. Buste à gauche. ℞. FIDES. PUBLICA. 1624. Femme debout, tenant un manuscrit et un bijou.

280. **Antoine de Navarre.** ANTONIVS. DEI. G. REX. NAVARRAE. Buste cuirassé du roi à gauche. ℞. AVXILIVM. DEVM. A. DOMINO. Le roi recevant un sceptre du ciel; devant lui, Saturne, Neptune, Pluton et Jupiter. A l'exergue, IN. FIL. HOM. NON. EST. SALVS. 1562.

Diam. 4 cent.

281. **Boiceau.** IAC. BOICEAV. S. D. L. BARODERIE. IN. D. JARDINS. DV. ROI. Buste à droite; dessous, 1630. ℟. HIC. LABOR. INDE. FAVOR. L'Agriculture appuyée sur une bêche dans des jardins. A l'exergue, AGRICVLTVRA. J. Boiceau est le fondateur du Jardin-des-Plantes.

Diam. 7 cent.

282. **Boiceau.** JACQVES. BOICEAV. DE. LA. BARRAVNDERIE. Buste à droite; dessous, AB. DVPRE. F. 1624. ℟. NATVS. HVMI. POST. OPVS. ASTRA. PETO. Des vers à soie dans un champ.

Diam. 8 cent.

283. **Bellièvre.** POMPON. BELLIEVRAEVS. FRANCIAE CANCEL. 1602. Buste du chancelier à droite. ℟. DISCVTIT. VT. COELO. PHOEBVS. PAX. NVBILA TERRIS. Un homme labourant un champ est éclairé par le soleil. Argent.

Diam. 5 cent.

284. **Briçonnet.** PETRVS. BRIÇONET. MILES. FRANCIE. GENERALIS. M.CCCCCIIII. Buste avec un bonnet à droite. ℟. DITAT. SERVATA. FIDES. Deux enfants nus tenant une corne d'abondance.

Diam. 7 cent.

285. **Brulart.** MRE. N. BRVLART. CHANCELLIER. DE. FRAN. ET. DE. NAVAR. Buste du chancelier à gauche. ℟. DISCVTIT. UT. COELO. PHOEBVS. PAX. NVBILA. TERRIS. Un homme labourant est éclairé par le soleil. En argent.

Diam. 5 cent.

286. **Cato.** ANGELUS. CATO. ARCHIEP. ET. COMES. VIENNE. MAXIMVSQ. GALLIARVM. PRIMAS. Buste nu à droite d'Angelus Cato, médecin de Louis XI. ℟. EXALTAT. VIRTVS NOBILITATQ. VIROS. Un arbre entre un cygne et Apollon;

à l'arbre sont pendus un arc et un carquois; dessous l'Apollon on lit APOLLON.

Diam. 9 cent.

287. **Dargencourt**. L. D. C. Sr DARGENCOURT. MARECH. D. BATTAILLE. Buste cuirassé à droite; dessous, G. DVPRÉ. F. 1630. ℟. INFERT. ET. SVSTINET. Un sabre et un bouclier; dessous, 1630.

Diam. 7 cent.

288. **Desdiguières**. FRAN. A. BONA. DESDIGUIERES. P. ET. COMESTABILIS. Buste à droite; dessous, 1623. ℟. GRADIENDO. ROBORE. FLORET. Écusson.

Diam. 5 cent.

289. **Duret**. MESSIRE. CHARLES. DVRET. SEIGNEVR. DE CHEVRY. Buste avec la collerette à gauche; dessous, GUIL. DVPRÉ. F. 1630. Sans revers.

Grand et beau médaillon dont on ne connaît que deux exemplaires, celui du cabinet de France et le nôtre.

Diam. 19 cent.

290. **Gassendi**. PETRVS. GASSENDVS. PRAEP. ECCL. DINIENSIS. Buste en habit ecclésiastique à droite; dessous, WARIN. 1648.

Diam. 11 cent.

291. **Guiot**. MESSIR. ANTO. GVIOT. S^r. DE. CHARMEAU. ET. DANSAC. Buste à gauche; dessous, 1602. G. DVPRÉ.

Diam. 6 cent.

292. **Gillot**. IAC. GILLOTVS. SENATOR. INTEGERRIMVS. Buste à droite. Sans revers.

Diam. 5 cent.

293. **Henri de Guise**. HENRY. DE LOR. DVC. DE. GVISE. Buste cuirassé à droite. ℟. DISCVTIT. VT. COELO. PHOEBVS. PAX.

NVBILA. TERRIS. Un homme labourant, éclairé par le soleil. Argent.

Diam. 5 cent.

294. **Guadagni.** DE. GVADAGNIS. CI. FLO. Son buste à gauche. ℟. NOBILIS. THOMAS. DE GVADAGNIS. CIVIS. FLOR. CONSILIARIVS. ATQ. ORDINARIVS. MAGISTER. DOMVS. CHRISTIANISSIMI. FRANCISCI. P. GALLOR. AC. DV. MEDIO. HAC. CAPPE. FACIENDAM. CVRAVIT. AN. D. M. D. XXIII., en douze lignes.

Ce Florentin, *magister domus* de François Ier, est très-peu connu. La médaille est faite en mémoire d'une chapelle fondée à Lyon.

Diam. 10 cent.

295. **Lavalette.** I. L. A. LAVALETA. D. ESPERN. P. ET. TOT. GALL. PEDIT. PRAEF. Buste de Lavalette d'Épernon à droite; dans le champ, G. DVPRE. F. 1607. ℟. INTACTVS. VTRINQVE. Lion fuyant devant un Génie malfaisant armé d'une torche. Argent.

Diam. 6 cent.

296. La même médaille en bronze.

297. **Laubespine.** CAROLVS. DE. LAVBESPINE. CVST. SIGILLI. GALLIAE. MARC. DE. CHATEAVNEVF. Buste à gauche. 1653. ℟. DABIT. NOMEN. AETERNVM. HOC. MONIMENTVM. La Justice assise, appuyée sur un médaillon représentant Laubespine; en face, la Renommée sur un temple, appelant les autres dieux, qui arrivent.

Diam. 10 cent.

298. **Le Tellier.** MICHA. LETELLIER. FR. CANCELLARIUS 1678. Buste en habit ecclésiastique, à droite, sans revers.

Diam. 14 cent.

299. **Maleyssie.** H. DE. MALEYSSIC. PINEROLII. GVBERNATOR.

Buste du gouverneur de Pignerol; dessous A. DVPRE. F. 1639. ℟. FIDA. FORTITVDINE. Porte de la forteresse.

Diam. 11 cent.

300. **Mazarin.** IVLIVS. CARDINALIS. MAZARINVS. Son buste à droite; dessous VARIN. 1648. Sans revers.

Diam. ~~10 cent.~~ 92

301. **Montmorency.** ANNAS MOMMORANCIVS. MILITIAE. GALLICAE. PRAEF. Buste nu à gauche. ℟. PROVIDENTIA. DVCIS. FORTISS. AC. FOELICISS. Les trois Grâces debout.

Diam. 6 cent.

302. **Moreau.** MICHEL. MOREAU. LIEVTENANT. CIVIL. Son buste à droite; dessous : A. 35. Sans revers.

Diam. 6 cent.

303. **Neufville.** CAM. DE. NEVFVILLE. ABB. ATHAN. PROREX. LUGDVNENSIS. Buste à droite; dessous VVARIN, 1651. Sans revers.

Diam. ~~11 cent.~~ 104

304. **Picard.** CL. PICARD. CONSIL. REG. ET. GEN. EXACTOR. OFFICII. DOM. SER. PRINCIPIS. DE. CONTI. Picard à mi-corps, assis près d'une table où se trouve un encrier et un livre; à gauche, I. BELLE. F., et à droite, AET. 42. ℟. QVAERITE. PRIMVM. REGNVM. DEI. ET JVSTITIAM. EJVS. ET. HAEC. OMNIA ADIICIENTVR. VOBIS. Écusson surmonté d'un heaulme; dessous, 1656.

Diam. 8 cent.

305. **Le Pigny.** MARINVS. LE. PIGNY. REG. CONS. ELEEM. ECCL. ORD. CANON. ARCHID. ET MEDIC. ROTH. DECANUS. 1521 ? AET. 67. Son buste à gauche; dessous F. ROBINET. MEDICUS. FACIEBAT. Sans revers.

Médaillon fort rare et des plus curieux.

Diam. 11 cent.

306. **Anne de Rohan**. ANNE. DE. ROHAN. PRINCESSE. DE. GVEMENE. Son buste à droite; dessous VARIN. ℟. SPES. DVRAT. AVORUM. 1638. Aigles volant au soleil.

Diam. 55 mill.

307. **Richelieu**. ARMANVS. IOAN. CARD. DE. RICHELIEV. Son buste à droite; dessous I. WARIN. ℟. MENS. SIDERA. VOLVIT. 1631. Globe terrestre dans un cercle d'étoiles que fait rouler un génie ailé. Argent.

Diam. 6 cent.

308. *Le même*. ARMANDVS. IOANNES. CARDINALIS. DE RICHELIEV. Son buste à droite. Sans revers.

Diam. 8 cent.

309. *Le même*. ARMANDVS. IOANNES. CARDINALIS. DE RICHELIEV. Son buste à droite. ℟. TANDEM. VICTA. SEQVOR. La Renommée conduisant un char sur lequel est assis un personnage tenant une épée, une Victoire vole au dessus et le couronne, dessous VVARIN. 1630.

Diam. 8 cent.

310. **Henri de Rohan**. HENR. ROH. D. FR. PAR. ARM. REG. MASC. SOB. NAV. ET. SCOTT. PR. Son buste à gauche. ℟. ET. ADHVC. SPES. DVRAT. AVORVM. Un tronc d'arbre d'où sort une forte branche.

Diam. 4 cent.

311. **Seguier**. PETRVS. SEGVIERIVS. FRANCIAE. CANCELLARIVS. Son buste à droite.

Diam. 9 cent.

312. **Turenne** (le vicomte de). ℟. La Vertu, l'Honneur, l'Équité. Beau médaillon d'Hamerani.

313. **Vitri**. D. IACOBVS. DE. VITRI. 1515. Son buste à gauche.

℟. NON CONFVNDAS. ME. AB. EXPECTATIONE. MEA. Un génie soutenant un écusson.

Diam. 5 cent.

314. **Vendosme.** CESAR. DVC. DE. VANDOSME. PAIR. GRAND. MAISTRE. CHEF. Son buste cuirassé à droite. ℟. ET. SVRINTENDANT. GENERAL. DE. LA. NAVIGATION. ET. COMMERCE. DE. FRANCE. Écusson dans une couronne.

Diam. 7 cent.

315. **Charles,** cardinal de Lorraine.—Le cardinal Al. Dossat. Deux médailles.

316. Essai en cuivre argenté de la pièce de 5 fr. de la République; derrière, deux mains jointes, par Oudiné.

317. Médaille de Louis-Philippe, pour la colonne de Juillet.

Diam. 8 cent.

318. Médaille de Louis-Philippe, pour la pose de la statue de Napoléon.

Diam. 8 cent.

319. Médaille de Ch. Percier, architecte, pour sa mort.

Diam. 8 cent.

320. Médaille de François Guizot. ℟. Chambre des députés, 26 janvier 1844.

MÉDAILLES ESPAGNOLES ET ALLEMANDES

321. **Charles-Quint et Philippe II.** IMP. CAR. V. ET. PHI. PRIN. ISP. Leurs bustes accolés. ℟. Les colonnes d'Hercule liées par un bandeau.

Diam. 4 cent.

322. **Philippe II**. PHILIPPVS. II. DEI. ISP. REX. CATH. Son buste à droite avec une cuirasse. Ovale.

Haut. 6 cent.

323. *Le même*. PHILIPPVS. II. D. G. HISP. REX. Buste cuirassé à droite; dessous JAC. TRICI. F. ℟. SIC. ERAT. IN FATIS. Deux mains soutenant un joug sur le monde.

Diam. 4 cent.

324. *Le même*. PHILIPPVS. HISPANIAR. ET. NOVI. ORBIS. OCCIDVI. REX. Son buste cuirassé à gauche; dessous I. PAUL. POG. F. ℟. PACE TERRA. MARIQ. COMPOSTA. MDLIX. Femme brûlant des armes devant le temple de Janus.

Diam. 4 cent.

325. Même médaille.

326. *Le même*. PHILIPPVS. D. G. ET. CAR. V. AVG. PAT. BENIGNIT. HISP. REX. Buste cuirassé du roi à gauche; dessous I. PAVL. POG. F. ℟. VT QVIESCAT. ATLAS. Atlas soutenant le globe terrestre.

Diam. 4 cent.

327. **Philippe II et Jeanne**. PHILIPPVS. II. HISPAN. REX. CATHOL. ARCHID. AVSTRIA. Buste de Philippe II à droite; dessous, PAVL. POG. F. ℟. IOANNA. CAROLI. V. AVG. FIL. LVSITAN. PRINC. Son buste à droite; dessous, I. PAVL. P. Médaille de Jean-Paul Poggi ou Poggini.

Diam. 4 cent.

328. **Philippe II**. PHILIPPVS. II. HISPAN. REX. CATHOL. ARCH. AVSTRIAE. Son buste à gauche; dessous, I. PAVL. POG. F. ℟. ANNA. REGINA. PHILIPPI. II. HISPAN. REGIS. CATHOL. Buste d'Anne à droite.

Diam. 4 cent.

329. **Philippe III**. PHILIPPVS. III. HISPANIAR. REX. Buste

cuirassé avec collerette à droite. ℟. AD. VTRVM. QVE. Lion debout, une couronne sur la tête, tenant la croix et un sceptre.

Diam. 6 cent.

330. **Jean d'Autriche**. IOANNES. AVSTRIAE. CAROLI. V. FIL. AET. SV. ANN. XXIIII. Buste à gauche; dessous, IO. MELON. F. 1571. ℣. CLASSE. TVRCICA. AD. NAVPACTVM. DELETA. (Lépante). Statue du prince sur une colonne rostrale et couronnée par la Victoire; à l'exergue on lit : DIE. OCTOBRI. 1571.

Diam. 4 cent.

331. **Marie Tudor**. MARIA. I. REG. ANG. FRAN. ET. HIB. FIDEI. DEFENSATRIX. Buste à droite; dessous, IAC. TREZ ℟. CESIS. VISVS. TIMIDIS. QVIES. Femme assise brûlant des armes près d'un temple; derrière elle plusieurs personnages l'implorent.

Diam. 7 cent.

332. **Maximilien et Marie de Bourgogne**. MAXIMILIANVS. DVX. AVSTRIAE. BVRGVND. Buste avec de longs cheveux à droite. ℟. MARIA. DVX. BVRGVNDIAE. AVSTRIAE. Buste à gauche avec de longs cheveux.

Diam. 5 cent.

333. **Maximilien et Marie de Bourgogne**. MAXIMILIANVS. FR. CAES. F. DVX. AVST. BVRGVND. Buste à droite avec de longs cheveux. ℟. MARIA. KAROLI. F. DVX. BVRGVNDIAE. AVSTRIAE. BRAB. C. FLAN. Buste de la duchesse, les cheveux noués au-dessus de la tête; dans le champ le monogramme de Marie, couronné.

Diam. 5 cent.

334. Même médaille.

335. **Marie d'Autriche.** MARIA. AVST. REG. BOEM. CAROLI. V. IMP. F. Buste à gauche. ℞. CONSOCIATIO. RERVM. DOMINA. Femme debout, tenant un rameau et une couronne ; au bas, des armes.

Diam. 7 cent.

336. **Albert**, archiduc d'Autriche. ALBERTVS. D. G. ARCHID. AVST. D. BVR. BR. C. FL. D. FR. Son buste à droite. ℞. ELISABETA. D. G. INF. HISP. D. BVR. BRA. C. FL. HOL. ZE. Buste à gauche.

Diam. 4 cent.

337. **Mathias.** MATHIAS. D. G. ARCHI. AVST. D. BVRG. CO. IV. GVBER. CAP. GRL. BEL. Son buste à droite. ℞. AMAT. VICTORIA. CVRAM. Persée délivrant Andromède. Médaille d'argent.

Diam. 4 cent.

338. **Ferdinand de Hongrie.** FERDINAND. D. G. RO. HVNGA. BO. REX. C. Son buste cuirassé à droite. Sans revers.

Diam. 7 cent.

339. **Ferdinand de Hongrie.** FERDINAND. ROM. IMP. ELECTVS. Son buste cuirassé à droite. Sans revers.

Diam. 7 cent.

340. **Maximilien de Hongrie.** MAXIMILIANVS. D. G. BOHE. REX. Son buste cuirassé à gauche.

Diam. 7 cent.

341. **Maximilien II.** CHRISTVS. FVNDAMENTVM. SALVTIS. NOSTRAE. Quatre écussons, au dessus une couronne. ℞. Longue légende indiquant que cette médaille a été frappée en souvenir d'un gymnase construit à Nuremberg en 1571.

Diam. 8 cent.

342. **Mathias Corvin.** MATHIAS. REX. HVNGARIAE. BOHEMIAE. DALMAT. Buste lauré de Mathias à droite. R/. Une bataille; à l'exergue, MARTI. VLT.

Diam. 5 cent.

343. *Le même.* MATHIAS. REX. HVNGARIAE. Grand médaillon de Mathias Corvin; buste à droite, tête laurée. Sans revers.

Diam. 9 cent.

344. **Ernest de Bavière.** ERNESTVS. BAVARIAE. DVX. Buste à droite. R/. Globe terrestre entouré d'étoiles; sur le globe on lit : OMNIA.

Diam. 4 cent.

345. **Christine de Suède.** CHRISTINA. REGINA. Tête nue à droite. R/. NEC. FALSO. NEC. ALIENO. Le Soleil tenant tout le champ; en bas, 1675.

Diam. 4 cent.

346. **Guillaume,** duc de Juliers et de Clèves. GVILLEM. DVX. IVLIAE. CLIVIAE. MONT. Buste cuirassé à droite; dessous, 1566. Sans revers.

Diam. 7 cent.

347. **Philippe d'Orange.** PHIL. G. D. G. PR. AVRAICAE. C. NAS. Son buste à droite. R. SVSTINENDO. PROGREDIOR. 1605. Un vaisseau à la voile ; sur le mât, un aigle.

Diam. 4 cent.

348. **Maurice d'Orange.** MAVRITIVS. PR. AVR. CO. NASS. CAT. MARC. VER. ET. VLIS. Buste à droite; dessous, C. V. B. F. R/. TANDEM. FIT. SVRCVLVS. ARBOR. ANNO. 1602. Un arbre dans une couronne de lauriers. Médaille d'argent.

Diam. 4 cent.

349. **Maurice d'Orange.** MAVRITIVS. AVR. PRINC. COM.

NASS. ET. MVR. MAR. VE. FL. EQ. OR. PERISCELIDIS. Son buste de face; dessous, 1616. ℟. Écusson autour duquel on lit : HONNY. SOIT. QVI. MAL. Y. PENSE. Médaille ovale.

Haut. 6 cent.

350. **Maurice d'Orange**. MAVRITIVS. PR. AVR. CO. NASS. CAT. MARC. VER. ET. VLIS. Buste à droite; dessous, CONR. BLOC. ℟. TANDEM. FIT. SVRCVLVS. ARBOR. ANNO. 1607. Un oranger dans une couronne. (Conrad Bloc.)

Diam. 4 cent.

351. **Schwartz**. VITVS. CONRADVS. SCHWARTZ. A° DNI. 1572. AE. 31. Buste à droite. ℟. ET. HALO. ET. PVGNO. Un écusson, des armes et des roses. Méd. d'argent.

Diam. 4 cent.

352. **Kolnpock**. NICIAS. KHOLNPOCK. ALT. IAR. MDXXXI. ℟. Femme nue, assise sur pierre. Méd. d'argent.

Diam. 5 cent.

353. **Stain**. HALLER. STAIN. AETATIS. XXVIII. CHRISTOPH. HALLER. VO. M. Son buste à droite. ℟. IN. MEINEM. MVT. HALT. ICH. TVGEND. FVR. DAS. MEINER. Femme debout, tenant un écusson et appuyée sur une colonne. Méd. d'argent.

Diam. 4 cent.

354. **Rimlin**. KATHARINA. BALTHASAR. RIMLIN. AET. 78. Buste de femme dans le champ. 1588. ℟. Légende allemande en dix lignes, commençant par ABER. ICH. WEISS. DAS. MEINER., etc. Argent.

Diam. 5 cent.

355. **Gienger**. GEORG. GIENGER. BAIDER. RECHTN. DR. K. M. ZG. GEHAIM. RAT. Buste avec une longue barbe à gauche.

℟. MAGDALENA. GIENGERIN. Buste avec un petit chapeau plat à gauche. Argent.

Diam. 5 cent.

356. **Schwarczin.** CORNELIA. SCHARCZIN. Son buste à droite. Sans revers.

Diam. 3 cent.

357. **Mélanchthon.** PHILIPPVS. MELANCTON. ANNO. AETATIS. SVAE. XLVII. Son buste à gauche; devant, FII. ℟. PSALM. 56. SVBDITVS. ESTO. DEO. ET. ORREVM. ANNO. M. D. XXXXVII. en cinq lignes.

Diam. 4 cent.

358. **Calvin.** IOANNES. CALVINVS. VERE. THEOLOGVS. NEONPARAR. Son buste à droite; dans le champ, OBIIT. 27 MAI. AET. SV. 54. 1564. ℟. PRONTE. ET SINCERE. Deux mains jointes; au dessus, dans des rayons, des caractères hébraïques.

Diam. 4 cent.

359. **Jean Hus.** CREDO. VNAM. ESSE. ECCLESIAM. SANCTAM. CATHOLICAM. Buste à droite; dans le champ, IOH. HVS. ℟. GENTVM. REVOLVTIS. ANNIS. DEO. RESTVND. ERITIS. ET. MIHI. Jean Hus attaché à un bûcher; dans le champ, CONDEMNATVR.

Diam. 5 cent.

360. **Marta.** ANNO. D. 1632. AET. SVAE. 52. MARC. ANTO. MARTA. Buste de trois quarts; dessous, CORMANO. F. ℟. AD. IVVANDVM. ME. FESTINA. Une campagne. Argent.

Diam. 6 cent.

268	Henri IV (1602)		17
264	Henri IV & Marie de Médicis (1603)		82
265	Marie de Médicis		62
267	Louis XIII ~~[illegible]~~ enfant		59
[illegible]	[illegible]		27
[illegible]	Louis XIII jeune	[illegible] 1626	29
[illegible]	Louis XIV enfant et ~~[illegible]~~ Anne d'Autriche	(Varin 1643)	46
[illegible]	[illegible]	(Dupré 1630)	50
[illegible]	Mazarin	(Varin 1648)	41
[illegible]	[illegible]	(Varin [illegible])	30
[illegible]	[illegible]	(Varin 1638)	47
[illegible]	Richelieu		36
[illegible]	[illegible]	(Dameroni)	11
[illegible]	Louis Philippe [illegible]		6.50
[illegible]	[illegible]		7.50
[illegible]	Philippe [illegible]	[illegible]	28
[illegible]	[illegible]		16
[illegible]	[illegible]		39
[illegible]	Maximilien et Marie de Bourgogne		38
[illegible]	Maximilien de Hongrie roi de Bohème		26
[illegible]	[illegible]	1616	14
250	[illegible]	[illegible]	8.25
[illegible]	[illegible]	[illegible]	12.50
258	[illegible]	[illegible]	25
[illegible]	[illegible]		21
[illegible]	[illegible]		12
[illegible]	[illegible]		13.50
18	[illegible]		70
25	[illegible] ~~[illegible]~~		31
65	[illegible] Hercule	[illegible]	17
61	[illegible]	Donatello	8
[illegible]	[illegible]		37
[illegible]	[illegible]		51
5	[illegible]		33
[illegible]	[illegible]		28
[illegible]	[illegible]		18
[illegible]	[illegible]		20
			1184.25
	Vacation du samedi 20		59.20
			1243.45

214	Sannazar (Actius Syncerus)		11
138	l'Arétin		19
227	tête de poète [illegible]		79
242	Louis XII et Anne de Bretagne		112
243	François Ier jeune		32
208	Salvin (par Pastorino)		13
237	[illegible] de 12 médailles romaines ~~restitutions du XVe~~		41
132	Catherine Sforce		31
142	Balduinus de monte cornei		8.50
158	Joannes Emo	(Pomedello)	33
173	Hippolyte Gonzague	(J. Trezzo)	32
211	San Gallo		61
234	Trajan	(Restit. du XVe siècle)	38
202	Pontanus		42
145	Michel Ange	(Leone Leoni)	48
157	Marcus Croto		17
222	Turrianus	Annibal Fontana	60
232	Revers d'une médaille (griffon) N. Piccinino	~~(Pisanello)~~	27
122	Cécilia ~~[illegible]~~ de Gonzague	(Pisanello)	30
245	François Ier		157
121	Louis de Gonzague	(Pisanello)	21
236	Caracalla ~~enfant (restit. du XVe)~~		68
205	Quirinus } deux épreuves de la ~~même médaille~~ mais l'une sans inscription à l'avers	(Padouan)	11
204	Quirinus		
166	Fontana		13
143	Bontius		10.50
191	Orsini		20
127	Jean François Gonzague et Antonia Baulio de Gonzague		50
139	l'Arioste		23
220	Trivulce		41
	Vacat. du Vendredi 28		1149.0

buste de jeune homme bas relief (école de Donatello)	n° 10	1000	
St Jérome groupe en bronze XVe siècle	n° 34	1000	
2 cadres	n° 216	132	
Alexandre ~~[illegible]~~ d'après Jules Romain	n° 230	201	2924
2 miniatures de Rosalba	n°s 240 241	201	
3 lettres ornées Miniature Manuscrit d'un ancien Bellune	n° 243	100	
2 lettres ornées miniatures d°	n° 244	78	
Salutat. angél. et Vierge 2 miniat.	n° 246	202	Vacations des mardi 26 et mercredi 27
Julien et Clément de la Rovere	n° 35	28	
Rubens	n° 39	41	
~~Al~~ Jean V d'Aragon (par Hieronimo)	n° 55	90	
Leonard Loredan	n° 65	34	
Philippe Marie Visconti (Pisanello)	n° 72	147	511
Marie Madel. d'Autriche grande duch. de Toscane (Dupré)	n° 93	26	
Sigismond Malatesta (Matteo de Pasti)	n° 96	21	
Jean Bentivoglio (Sperandio)	n° 104	36	
Jean Bentivoglio (le Francia)	n° 105	19	
Carolus Gratus miles (Sperandio)	n° 107	69	Vacation du Jeudi 28

26 et 27	2924
28	511
29	1149
30	1184
	5768
frais 5 p%	288.4
	6056 4

11
19
79

268.	Henri IV. (1602)		
264.	Henri IV et Marie de Medicis (1603)		112
265	Marie de Medicis		
267.	Louis XIII ~~jeune~~ enfant		32
271	Louis XIII en romain		13
276	Louis XIII jeune	(Dupré 1626)	
278	Louis XIV enfant et ~~Marie de Medicis~~ Anne d'Autriche	(Warin 1643).	41
287.	D'Argenson	(Dupré 1630)	31
300	Mazarin	(Varin 1648)	
303	de Neufville	(Warin 1651)	8.50
306	Anne de Rohan	(Varin 1638)	33
308	Richelieu		
312	Turenne	(Hamerani)	32
317	Louis Philippe couronne Juillet		61
320	Guizot		38
323	Philippe II (Jac. Trici. F.) ~~(Paul. Pog. F.)~~		
325	Philippe II (I. Paul. Pog. F.)		42
331	Marie Tudor (Jac. Trez.		
333.	Maximilien et Marie de Bourgogne		48
340.	Maximilien de Hongrie roi de Bohème		17
349.	Maurice d'Orange	(1616)	
350.	d°.	(1607 Conrad Bloc).	60
357.	Melanchton à 47 ans	(1547)	27
358	Calvin.		
359	Jean Hus		30
95	Terre cuite femme assise.		157
86, 87.	2 terres cuites fig. de femmes		
18	Vase de fabrique corinthienne, amphore 2 anses		21
25	lecythus Eros sur un rocher ~~[illegible]~~		68
69	~~Vase~~ plaque carrée en bronze Hercule et Géryon	(Moderne)	
61	Deux médaillons: Bacchant et Bacchante.	(Donatello)	
64	buste d'homme casqué sur un portique		11
76, 77.	2 plaques — Jugement de Paris (par Mr Delabelle) — p^{te} [illegible] frappant un baton devant un juge		13
67	plaque. Apollon vainqueur du serpent Python		
74.	médaillon. Sujet allégo. la Nature		10.50
78	2 med. Jugement de Paris — Bacchus et		20
76.	bas relief. Mutius Scævola		50

118
5. 23
41
124
49.0

Vacations du Samedi 30.

www.ingramcontent.com/pod-product-compliance
Ingram Content Group UK Ltd.
Pitfield, Milton Keynes, MK11 3LW, UK
UKHW020915180726
13838UKWH00002B/554

9 782329 391458